LA CONGRÉGATION

de

Saint=Joseph de Lyon

LES ORDRES RELIGIEUX

LETOUZEY ET ANÉ, ÉDITEURS

2ᵉ Édition

LA CONGRÉGATION

DE

Saint=Joseph de Lyon

MONSEIGNEUR DE MAUPAS
ÉVÊQUE DU PUY DE 1644 A 1661

DE CONCERT AVEC LE R. P. MÉDAILLE DE LA COMPAGNIE DE JÉSUS,
IL FONDA, AU MILIEU DU XVIIe SIÈCLE,
LA CONGRÉGATION DES SŒURS DE SAINT-JOSEPH

LA CONGRÉGATION

de

St=Joseph de Lyon

PARIS

LIBRAIRIE LETOUZEY ET ANÉ

87, BOULEVARD RASPAIL, 87

1927

AVERTISSEMENT

Nous nous disposions à écrire la vie de la Révérende Mère Saint-Jean Fontbonne, fondatrice de la Congrégation des Sœurs de Saint-Joseph de Lyon, quand on nous demanda une monographie de l'Institut qui prendrait sa place dans la collection des « Ordres Religieux », publiée par la librairie Letouzey et Ané. Nous l'avons fait volontiers et nous livrons au public les pages qui vont suivre.

Ce rapide récit nous produit l'effet d'un film qui se déroule trop vite. Nous aurions voulu montrer au passage des figures très belles, très saintes, très attachantes qui mériteraient d'être vues : supérieurs, religieuses, aumôniers, bienfaiteurs, médecins, élèves, malades, fourniraient le sujet d'édifiantes pages. C'est avec regret que nous avons passé, sans en rien dire, devant ces physionomies si sympathiques. Il ne nous était pas permis de nous arrêter; il fallait aller vite, très vite, car la route était mesurée. A tous ceux qui doivent figurer dans la galerie des « Ordres Religieux », les pas sont comptés d'avance. Le nombre atteint, on vous dit : « Arrêtez! » Tant pis si vous n'êtes pas au bout de votre histoire.

Tel quel, le film de la Congrégation de Saint-Joseph de Lyon va passer sous nos yeux; il nous donnera une idée, très incomplète sans doute, mais tout de même une idée de l'activité religieuse de tous les essaims échappés de la ruche mère. Fasse Dieu que nous gardions de cette image une bienfaisante impression.

S. H.

A paraître prochainement :

Vie de la Révérende Mère Saint-Jean Fontbonne, Fondatrice de la Congrégation des Sœurs de Saint-Joseph de Lyon.

LA CONGRÉGATION

DE

Saint-Joseph de Lyon

CHAPITRE PREMIER

LE « PETIT DESSEIN »

Pour assister à la naissance de la Congrégation des Religieuses de Saint-Joseph de Lyon, il est nécessaire de remonter à la première moitié du XVIIᵉ siècle. Les guerres de Religion qui furent la conséquence de la Réforme, avaient accumulé, sur notre pays, les ruines et la misère. « Les pauvres remplissaient Paris, les grandes villes et jusqu'aux moindres villages dans des proportions dont notre société moderne ne peut donner l'idée... Les hôpitaux désorganisés, les asiles fermés avaient jeté dans la rue une foule d'enfants, de vieillards, de malades qui manquaient de tout [1]. »

A cette époque, un religieux de la Compagnie de Jésus, le R. P. Médaille, successeur et émule de saint François Régis, parcourait les montagnes du Velay, du Forez, du Vivarais, semant partout la bonne parole dans le but de ramener les âmes égarées par Luther et Calvin.

Dans ses courses apostoliques, le zélé missionnaire ren-

1. Mgr Bougaud, *Histoire de saint Vincent de Paul*, t. I, p. 330.

contra maintes fois des personnes vertueuses, dans lesquelles il reconnaissait une réelle vocation religieuse, mais qui ne songeaient pas à y prétendre, soit parce que les austérités du cloître dépassaient leurs forces physiques, soit parce que, à cette époque, nul ne franchissait le seuil d'un monastère s'il n'avait une certaine fortune et même des quartiers de noblesse.

L'apôtre accueillait ces âmes, écoutait leurs confidences et, sans s'expliquer davantage, disait à chacune : « Tenez-vous à la disposition de Dieu; vivez dans le recueillement et la prière; attendez qu'il plaise à la Providence de manifester ses desseins. »

En attendant, l'idée d'ouvrir les portes de la vie religieuse à toutes les âmes qui y étaient appelées germait dans son esprit. Il s'agissait pour cela de fonder une congrégation, à la fois contemplative et active. Exemptes de clôture et d'austérités corporelles, les religieuses y vivraient dans une union très étroite avec Dieu et s'adonneraient au service des pauvres et des malades.

Cette idée, saint François de Sales l'avait eue avant le P. Médaille; il avait même créé la congrégation qui la réalisait et lui avait donné un nom symbolique : puisque les Sœurs devaient visiter les malades, ce serait la Visitation.

Le 1er janvier 1612, Mme de Chantal et deux de ses compagnes inauguraient, à Annecy, leurs sublimes fonctions. Durant cinq ans, on les vit chaque jour sortir de leur maison et s'en aller par la ville porter soulagement et consolation à toutes les misères.

Mais, en 1615, une Visitation s'étant fondée à Lyon, les difficultés commencèrent. « En établissant son Institut, saint François de Sales avait fait une chose qui nous paraît aujourd'hui très simple, mais qui était alors très hardie : il avait supprimé la clôture [1] » et les vœux solennels. L'arche-

---

1. Mgr Bougaud, *Histoire de sainte Chantal*, 9e édit., t. 1, p. 521.

MÈRE SAINT-JEAN FONTBONNE
CONFESSEUR DE LA FOI, FONDATRICE DE LA CONGRÉGATION
DES SŒURS SAINT-JOSEPH DE LYON

vêque de Lyon, le cardinal de Marquemont, s'effraya de cette hardiesse. Estimant que la visite des pauvres était un danger pour des vierges, il leur ordonna de garder la clôture. « Quoique très pieux, le cardinal appartenait à cette classe d'esprits craintifs qui rejettent toutes les innovations, même les meilleures, parce que ce sont des innovations; qui croient que les choses doivent être nécessairement aujourd'hui de telle manière, parce qu'elles étaient ainsi hier; qui ne comprennent pas que l'Église, immuable dans ses dogmes, ne l'est pas dans ses institutions [1]. »

Saint François de Sales se rendit à Lyon, conféra longuement avec le cardinal, mais les deux prélats ne parvinrent pas à se mettre d'accord. Après maints entretiens et échanges de lettres et de mémoires, le cardinal conclut par ces mots : « Mgr de Genève disposera de la maison d'Annecy comme il l'entendra, et moi de la mienne selon que je le jugerai à propos [2]. »

En face de cette décision très arrêtée, saint François de Sales, malgré ses répugnances, malgré les instances de sainte Chantal, modifia ses plans. Le 16 octobre 1618, il érigea sa congrégation en ordre religieux avec la clôture perpétuelle. Mais son idée venait de Dieu, elle ne devait pas se *perdre*; en attendant, la routine lui barrait le chemin.

Heureusement un autre saint vivait à cette époque; c'était Vincent de Paul et la trempe de caractère de ce saint égalait la profondeur de son humilité. Convaincu de la sagesse et de l'opportunité du plan de l'évêque de Genève, il résolut de le faire aboutir.

« Il lui fallut plus de vingt ans pour triompher des résistances de l'opinion publique, des objections du roi et des parlements, des inquiétudes prudentes des cardinaux [3]. »

1. Mgr Bougaud, *Histoire de sainte Chantal*, t. i, p. 528.
2. Archives d'Annecy, *Mémoire de Denys de Marquemont*.
3. Mgr Bougaud, *Histoire de saint Vincent de Paul*, l. VIII c. iii.

Vincent de Paul ne se découragea pas et prit toutes les précautions nécessaires pour assurer le succès; au lieu d'attaquer de front les difficultés, il résolut de les contourner, car
il fallait à tout prix éviter ce qui était arrivé à la Visitation. Il
se dit donc : « Ou les sœurs ne feront pas de vœux ou, si elles en
font, ces vœux ne les empêcheront pas de visiter les pauvres. »

Il réunit ses filles et leur dit : « On a jugé à propos que le
nom de Confrérie vous demeurât, par la crainte que, si on
vous eût donné à la place le nom de Congrégation, il s'en
trouvât parmi vous, dans le temps à venir, qui voulussent
changer la maison en cloître et se faire religieuses... Vous
n'êtes pas religieuses et vous ne pouvez pas l'être à cause de
vos pauvres [1]. »

Et pour les mettre dans la nécessité de sortir, il ajoute
qu'elles n'auraient pas de chapelle, pas d'aumônier, pas de
vœux solennels, pas même de vœux perpétuels; elles feraient
des vœux d'un an, qu'elles renouvelleraient, rien de plus.
Écoutons-le leur dicter la conduite à tenir en arrivant dans
une ville : « Vous irez voir l'évêque du pays... Vous lui
demanderez sa bénédiction et lui témoignerez que vous
voulez vivre entièrement sous son obéissance et que vous vous
donnez tout à lui pour le service des pauvres. S'il vous
demande si vous êtes religieuses, vous lui direz que non;
que ce n'est pas que vous n'estimiez beaucoup les religieuses,
mais que si vous l'étiez, il faudrait que vous fussiez enfermées
et que, par conséquent, il faudrait dire : Adieu le service des
pauvres [2]. »

Grâce à ces précautions, saint Vincent de Paul avait pu
lancer par le monde ses Filles de la Charité qui ont fait et
qui font encore l'admiration de l'univers. Il avait fait un
pas, un grand pas, il fallait en faire un autre; il fallait faire
sortir la vie religieuse du cloître et la porter, avec toutes

1. *Conférences aux Filles de la Charité*, t. II, p. 92, 99.
2. *Conférences*, t. I, p. 261.

ses grâces et ses ressources, au secours de l'humanité qui avait besoin d'elle; il fallait prouver que la vie religieuse peut subsister sans l'aide des vœux solennels.

Sans que personne s'en doutât, cette innovation entrait dans le plan de la Providence, elle prévenait les événements et l'heure était venue de l'accomplir. En effet, un siècle et demi plus tard, la Révolution allait briser toutes les clôtures et interdire, en France, les vœux solennels; or, Dieu ne pouvait pas laisser croire que l'État menait l'Église; il convenait que l'on sût, avant l'interdiction des vœux solennels, que ce n'est ni le cloître ni la solennité des vœux qui constituent l'état religieux en sa forme essentielle et nécessaire.

« L'état religieux est un genre de vie stable, permanent, par lequel les fidèles s'engagent à tendre à la perfection évangélique, en se proposant d'observer, non seulement les préceptes communs, mais encore les conseils évangéliques par les vœux de chasteté, d'obéissance et de pauvreté, sous la règle d'une vie commune approuvée par l'Église [1]. »

Quatre choses sont donc nécessaires pour constituer l'état religieux :

1º L'observation des conseils évangéliques;

2º L'engagement d'observer toute la vie et publiquement les trois vœux de chasteté, d'obéissance et de pauvreté. La vie religieuse ne peut pas être une société secrète;

3º La vie commune avec la même règle;

4º L'approbation de l'Église.

En vertu de la déclaration du pape Grégoire XIII *Quanto*, 1er février 1583 et *Ascendete*, 25 mai 1584, « on doit affirmer que tous ceux qui émettent les trois vœux simples perpétuels de pauvreté, de chasteté et d'obéissance, dans un ordre ou une congrégation religieuse, sont certainement et véritablement constitués dans l'état religieux [2]. »

---

1. Canons 487 et 488, 1º.
2. Choupin, S. J., *Nature et obligations de l'État religieux*, c.i, p. 36.

Le P. Médaille qui connaissait le code, mûrissait son dessein, son « Petit Dessein », comme il se plaisait à l'appeler. Toutefois il était perplexe : d'une part il savait toutes les difficultés que ce « Petit Dessein » allait rencontrer; d'autre part il se disait que, si petit soit-il, ce dessein lui, simple religieux de la Compagnie de Jésus, ne pouvait le réaliser. Il fallait trouver un évêque qui comprendrait son idée, qui l'approuverait et qui accepterait d'en assumer la charge et les responsabilités.

Le P. Médaille cherchait cet évêque. Quand il apprit, en 1644, que Mgr de Maupas était nommé évêque du Puy, il devina que le Ciel lui envoyait un secours. Il se mit en relation avec l'illustre prélat et son cœur trouva un écho dans celui du pontife. Les deux saints personnages se concertèrent pour jeter les bases d'une fondation dont on avait les premiers éléments et qui répondait au désir et au zèle du prélat; il n'était pas le père de l'idée, mais il la faisait sienne par adoption et s'en rendait responsable.

Et voilà pourquoi, au lieu de naître dans un grand centre, la Congrégation de Saint-Joseph a pris naissance dans la petite ville du Puy où le P. Médaille n'a jamais séjourné. La Providence qui mène toute chose avait marqué sa place : au « Petit Dessein », il fallait un petit berceau.

CHAPITRE II

Le Berceau

Henri de Maupas du Tour, né en 1606, au château de Cosson, à deux lieues de Reims, eut pour père Charles de Maupas, seigneur du Tour, conseiller d'État sous Henri IV et capitaine d'une compagnie de chevau-légers; homme de lettres en même temps qu'homme d'épée, Charles de Maupas composa un recueil de vers qu'il fit imprimer à Reims en 1638.

La mère de Mgr de Maupas, Anne de Gondi, appartenait à cette illustre famille des Gondi qui avait un culte pour celui qui devait un jour être saint Vincent de Paul. Cette famille se l'était attaché par toutes sortes de titres; Monsieur Vincent était le précepteur des enfants, le directeur des parents, l'ami et le conseiller de tous.

Le jeune Henri, qui avait eu, dit-on, pour parrain Henri IV lui-même, reçut une brillante et chrétienne éducation au collège des jésuites de Reims. Après de solides études, il suivit, en Sorbonne, les cours de philosophie et de théologie, obtint tout jeune le grade de docteur et fut nommé abbé de Saint-Denis de Reims. Ordonné prêtre, il reçut presque aussitôt le titre de vicaire général de cette même ville et en remplit la charge pendant dix années. La reine, Anne d'Autriche, mère de Louis XIV, l'appela à la Cour et en fit son premier aumônier.

Effrayé des dangers que courait en ce lieu la vertu sacerdotale, l'abbé de Maupas prit pour modèle « Monsieur Vincent » qui fréquentait aussi la Cour, mais qui restait le plus humble, le plus simple, le plus pieux des prêtres du Seigneur. Il se lia d'amitié avec ce grand serviteur de Dieu et, à son contact, acquit une grande maturité de jugement et une grande dévotion au saint évêque de Genève, mort en 1622 et dont il fut le premier biographe.

En 1641, Louis XIII nomma Henri de Maupas à l'évêché du Puy. Les bulles tardant à venir, Vincent de Paul écrivit à M. Codoing, prêtre de la Mission à Rome, le 20 juin 1642.

« Monsieur l'abbé de Saint-Denis, aumônier de la Reine, qui est de notre Assemblée de Saint-Lazare, des plus capables et des plus vertueux ecclésiastiques, a été nommé à l'évêché du Puy, il y a sept ou huit mois. Je vous supplie, Monsieur, de vous employer pour hâter l'expédition de ses bulles

« VINCENT DE PAUL. »

Quand on sait tout le zèle que le saint apportait à ne faire nommer que de bons évêques, on sent tout le poids d'une telle recommandation.

Le 16 octobre 1643, Mgr de Maupas était sacré à Paris, dans l'église des jésuites de la rue Saint-Antoine. Le 27 janvier 1644, il entrait solennellement dans sa ville épiscopale.

L'arrivée dans la capitale du Velay d'un prélat dévoué à l'évêque de Genève, disciple de Vincent de Paul, élève et ami des jésuites, voilà ce qui parut au P. Médaille une indication de la Providence : cet évêque était celui qui devait l'aider; il ne chercherait pas ailleurs.

Il eut raison; Mgr de Maupas, après avoir compris et adopté le projet, s'occupa immédiatement de préparer un berceau à l'Institut qui devait naître. L'orphelinat du Puy fut choisi pour devenir ce berceau.

Connu sous le nom d' « Hôpital de Montferrand », l'orphelinat était adossé au mur d'enceinte de la ville, à l'endroit même où se trouve aujourd'hui la Maison Mère des Sœurs de

Saint-Joseph du Puy. Le terrain sur lequel s'élevait l'hôpital est enclavé dans les constructions actuelles. D'après ce qui reste des « Livres de la Maison Consulaire du Puy [1] » on voit qu'à l'origine l'hôpital de Montferrand était destiné à héberger les pauvres de passage, parmi lesquels se trouvaient beaucoup de pèlerins. On parle de « l'entretien et conduite d'iceux, pendant qu'ils y séjournent; de la discrétion avec laquelle ils doivent y être reçus et du temps qu'ils y doivent demeurer [2]. » On voit aussi que l'hôpital était spécialement affecté à « recevoir, héberger et coucher les pauvres filles et femmes veuves de la présente ville [3]. » On voit encore que la Supérieure ou Maîtresse y prend le nom de « Dame hospitalière ». Mais aucun document ne nous apprend ni depuis quand existait cet hôpital, ni qui l'avait fondé. Un incendie ayant détruit une grande partie des *Archives consulaires* et celles des Sœurs de Saint-Joseph ayant presque totalement disparu pendant la Révolution, il nous a été impossible de retrouver les traces de cette fondation; nous savons cependant que les Consuls en revendiquaient la direction et l'administration comme leur appartenant de droit. Ce n'est peut-être pas sans motif, car l'une des cours de la maison mère du Puy porte encore le nom de « Cour Consulaire ».

Comment se fait-il que l'évêque ait pu disposer de cet hôpital? Nous l'ignorons. Il est probable que, usant de son droit de « seul seigneur du Puy », il dut profiter de quelque négligence dans l'administration pour remplacer le Conseil consulaire par un nouveau Conseil favorable à ses plans, car nous voyons fonctionner ce Conseil. Nous ne savons non plus rien de précis sur la fondation qui nous occupe, mais une série de circonstances nous permet de la suivre presque pas à pas, et de croire sans témérité que l'évêque en adopta le projet dès la première année de son épiscopat.

1, 2, 3. *Archives consulaires*, B. B. 2, folios CXXXVI et CXXXII.

En effet, Jacmon, bourgeois du Puy et chroniqueur, nous apprend qu'en 1644, l'évêque a fait venir des religieuses. Il ne dit ni leurs noms, ni leur nombre, ni d'où elles viennent, ni dans quel mois elles sont entrées. Tout cela, il l'ignore, c'est probable. La chose a dû se faire discrètement, sans prévenir personne. Jacmon habite le Puy; il raconte ce qui s'y passe, mais il n'est pas renseigné : les religieuses sont là, voilà tout ce qu'il sait. Voici le texte : « La dicte année 1644, au mois de *(sic)* le dict seigneur évesque fait venir des religieuses *(sic)* pour former et instruire les pauvres filles sans père ni mère du Puy, mizes à Monferrand [1]. »

Ces religieuses sont, il est permis de le supposer, les premières fondatrices qui doivent être le noyau de l'Institut.

Il est permis aussi de croire qu'on se mit à l'œuvre sans retard; car le 14 janvier 1645, l'hôpital s'agrandit; on achète des immeubles et un certain Étienne Treveys, « syndic nommé par l'évêque », fait les travaux d'agrandissement. Avant le 7 avril 1646, on a élevé la toiture, on a construit des chambres, on a acheté un millier de tuiles pour adapter les nouveaux bâtiments aux anciens. Ces chambres ne sont sûrement pas pour les orphelines; donc quelqu'un est attendu.

Le 12 janvier 1647, on voit paraître, dans le *Mémoire* d'Étienne Treveys, déjà nommé, le nom de « Françoise Eyraud maîtresse » c'est-à-dire supérieure de l'établissement. La date de son entrée dans la maison est certainement antérieure à cette date. Françoise Eyraud est probablement l'une des religieuses dont parle Jacmon.

Le 3 mars 1648, dans une délibération du Conseil, on parle de plusieurs personnes de la ville qui ont demandé qu'on érigeât une confrérie qui serait d'une grande utilité pour tout le monde. On ne dit pas quelle est cette confrérie; quelque

---

1. *Mémoires* d'Antoine Jacmon, publiés par M. A. Chassing, p. 213.

chose comme celle de Saint-Vincent de Paul sans doute.

Quelqu'un propose de demander au pape une indulgence qui se gagnera dans la chapelle de l'hôpital pour une fête de saint Joseph. Un autre propose de placer, dans cette chapelle, un tableau qui contiendra le nom des bienfaiteurs de la maison et ajoute, ce qui est très habile d'un côté, très significatif de l'autre : « Par exprès y seront inscrits les consuls et les communautés de cette ville. »

On règle les exercices religieux et on fixe les heures auxquelles les orphelines devront prier. Enfin on décide que désormais l'hôpital s'appellera : « La maison de la Charité des filles orphelines de Saint-Joseph de la rue Montferrand. » Le voile est transparent, bientôt il devra disparaître ; c'est sûrement le P. Médaille qui a fait donner à l'établissement le nom de Saint-Joseph pour qu'il soit facile à ses filles de le porter elles-mêmes. Le plus simplement du monde, elles seront pour tous : les Sœurs de Saint-Joseph.

Signalons encore un fait que l'on ne saurait regarder comme fortuit et qui se produit à cette réunion du 3 mars :

Un membre du Conseil émet l'avis qu'il serait opportun de faire entrer dans la maison quelqu'un qui donnerait l'instruction aux enfants et qui tiendrait les comptes. La Maîtresse, Françoise Eyraud, prend aussitôt la parole : « Mais je sais quelqu'un qui ferait très bien l'affaire, dit-elle. — Invitez-la pour la réunion prochaine, lui est-il répondu, on l'examinera. »

La personne en question se présenta à la réunion du 8 mars de la même année. Elle fut agréée. On croit qu'elle s'offrit à donner gratuitement ses services à l'hôpital, ce qui prouverait deux choses : d'abord qu'elle désirait y entrer ; ensuite qu'aucun intérêt humain ne l'y poussait. Ce dont nous sommes sûrs, c'est que la Maîtresse désirait se l'adjoindre, puisqu'elle la propose et que le Conseil n'était pas opposé à son entrée, puisque l'un de ses membres dit en voir l'utilité. Mais l'hostilité des Consuls [1] que l'on remarque dans maintes circonstances rendait sans doute la chose difficile. C'est pourquoi l'on usa d'un expédient.

La personne agréée par le Conseil répondait au prénom de Marguerite; la place de son nom est restée en blanc, mais il est permis de reconnaître en elle Marguerite de Saint-Laurent dont nous parlerons plus loin, et qui devait jouer un rôle important dans les débuts de la congrégation.

Tant de coïncidences favorables au « Petit Dessein » ne sauraient être le fait du hasard. Il y a là derrière un plan et des volontés sages, prudentes, méthodiques qui le dirigent sans bruit, sans précipitation et qui le feront aboutir.

1. Depuis la conquête romaine jusqu'à la Révolution, dans les villes du midi de la France, on donnait le nom de *Consul* aux magistrats municipaux.

CHAPITRE III

La Règle, le But et l'Esprit

Pendant que Mgr de Maupas s'occupait de l'organisation extérieure de cette grande chose que devait être le « Petit Dessein », le R. P. Médaille traçait les conditions de la vie intérieure et religieuse qui serait celle des âmes appelées par Dieu à ce petit institut.

Sans aucun document à l'appui, il est facile de voir que les deux saints personnages s'étaient d'avance partagé le travail. L'un et l'autre avaient en vue, dans la fondation projetée, le plan principal de l'évêque de Genève qu'il s'agissait de reprendre et de réaliser en son entier. C'est-à-dire qu'il fallait créer, non plus comme saint Vincent de Paul une simple confrérie, mais une congrégation dans laquelle les sujets se lieraient à Dieu par des vœux irrévocables qui feraient de celles qui devaient la composer de véritables religieuses. L'évêque prenait à sa charge les bâtiments où s'abriterait le premier groupe de sœurs et le choix du costume qu'elles porteraient. Le fils de saint Ignace aurait pour tâche d'en rédiger la Règle et d'en déterminer et le but et l'esprit.

Ce n'est pas seulement dans sa pensée que le P. Médaille portait son « Petit Dessein », c'est dans son âme, c'est dans son cœur. L'idéal de sainteté qu'il rêvait pour ses chères filles était le plus élevé, le plus parfait qu'on pût se proposer. Le disciple de Manrèse savait que les austérités extérieures ne sont pas la sainteté, qu'elles ne sont pas non plus l'unique moyen de l'atteindre; il bannirait donc de la Règle qu'il allait écrire les austérités corporelles en usage dans les cloîtres, ces austérités étant incompatibles avec la vie de fatigues et de labeurs qui serait celle de ses filles.

La sainteté consistant uniquement dans l'union à Dieu, c'est sur ce point que se porteraient tous les efforts. Avec une ardeur inlassable, ses filles travailleraient à développer en elles une vie intérieure intense; comme la Grande Thérèse, elles chercheraient Dieu en elles; elles se chercheraient en Dieu.

La vie intérieure, il ne cesse de la recommander : « Les sœurs se proposeront ces paroles : « Soyez saints, parce que « je suis saint. Soyez parfaits comme votre Père céleste est parfait. » Elles prendront ces paroles comme dites à elles-mêmes... Elles doivent, en toutes leurs actions, être animées du plus grand et du plus pur amour de Dieu, en sorte que leur petite assemblée puisse porter le nom de la Congrégation du plus grand amour de Dieu. »

Mais comme il n'y a pas d'amour de Dieu sans l'abandon absolu à ses divins vouloirs, les sœurs n'auront devant les yeux que l'accomplissement des volontés divines, ce n'est que pour cela qu'elles sont sur la terre : accomplir les vouloirs divins, apprendre aux autres à les accomplir. Vie d'abandon et vie d'apostolat.

Or, comme il n'y a pas d'abandon possible sans humilité et sans amour, l'esprit de la sœur de Saint-Joseph sera un esprit d'humilité et de charité. Humilité qui reconnaît à Dieu le droit de disposer de sa créature absolument à son gré. Charité qui fait aimer les volontés de Dieu, parce qu'on aime Dieu qui a ces volontés.

Dans une lettre admirable le saint Fondateur révèle à ses filles l'esprit de son « Petit Dessein ». L'Institut de Saint-Joseph ne sera rien aux yeux du monde; devant Dieu il sera ce que Dieu daignera en faire. La congrégation sera petite, cachée, comme Jésus en la très adorableEucharistie. L'anéantissement du Dieu Sauveur en son divin sacrement sera un modèle accompli pour chacune de ses épouses. « Quel détachement n'a-t-il point des choses dont on lui donne l'usage? Qu'elles soient riches ou qu'elles soient pauvres; qu'on lui donne ou qu'on lui ôte ses ornements, il les prend, il les laisse sans résistance; il reste également content. »

Et la chasteté de Jésus dans l'Eucharistie : « Il n'a des yeux et un cœur que pour les âmes. » Quant à son obéissance, elle est miraculeuse : jamais une pensée, jamais un mot pour résister à la volonté du prêtre.

« De plus ce sacrement est un mystère d'union. Il unit toutes les créatures à Dieu et, par le titre de communion qu'il porte, il unit tous les fidèles entre eux... Voilà la fin de notre congrégation anéantie : Union totale des âmes en Dieu et avec Dieu.

« Les maisons de nos filles seront semblables au tabernacle toujours fermé à clé et nos sœurs ne sortiront, comme Jésus, que par obéissance et charité, pour revenir bientôt et pour se consommer en tous les emplois.

« Notre chère Institution doit être toute humilité et faire profession, en toutes choses, de chérir et de choisir ce qu'il y a de plus humble. Elle doit être la plus petite et la plus anéantie. »

Avec l'humilité le P. Médaille recommande la simplicité, la belle simplicité toute dépourvue de pose et d'artifice. C'est simplement que la religieuse de Saint-Joseph sera humble; c'est simplement qu'elle parlera, simplement qu'elle agira, simplement qu'elle se prêtera aux volontés divines. Si, par ses supérieurs, Dieu lui dit de monter, simplement elle montera; s'il lui dit de descendre, aussi simplement elle descendra; ne se croyant ni plus grande en haut, ni plus petite en bas; mais se tenant étroitement unie à Celui qui est grand partout et qui est le seul Grand.

Avec la Règle, le P. Médaille a doté sa congrégation de *Maximes spirituelles* d'une perfection rare. « Le petit livre des *Maximes* du saint Institut, lisons-nous dans la préface de la première édition, nous paraît avoir été écrit avant même les Constitutions. Ce livre semble n'avoir été tout d'abord qu'un recueil où le P. Médaille consignait au jour le jour les principales réflexions que lui inspiraient ses méditations et ses lectures pour son usage personnel. C'était le *Journal* de son âme. Plus tard, après l'avoir écrit, pour lui, il ne crut pas pouvoir faire de meilleur cadeau à ses chères filles que de le leur donner. C'était tout son cœur qu'il leur livrait. »

Là encore, c'est l'humilité, la charité et la simplicité que le saint Fondateur leur prêche ; il revient sans cesse sur ces mêmes vertus.

Nous avons sous les yeux un règlement qui nous semble être la première ébauche de la Règle. On y trouve la pensée du P. Médaille, non formulée dans ses détails, mais réduite aux idées maîtresses qui se développeront, se préciseront, se compléteront suivant les besoins et les leçons de l'expérience, non encore acquise, puisqu'on fait du tout neuf, mais qui s'acquerra par la pratique journalière. On y voit les exercices — pour chaque jour — pour chaque semaine — pour chaque mois — pour chaque année.

Ce règlement nous apprend que la congrégation de Saint-Joseph est consacrée à la sainte Trinité incréée de Dieu le Père, le Fils et le Saint-Esprit « sous la protection de la Trinité créée, Jésus, Marie et Joseph. » Elle porte le nom de Saint-Joseph afin que les sœurs, dans leur ministère auprès des enfants, des pauvres et des malades imitent le cordial dévouement du saint Patriarche envers Jésus et Marie. L'institut a un double but :

1º *But principal* : La gloire de Dieu et la sanctification des sœurs ;

2º *But secondaire* : Le service du prochain par le dévouement sous toutes ses formes.

L'esprit de l'Institut est : Un esprit d'humilité et de charité.

Le caractère distinctif des sœurs de Saint-Joseph est : La simplicité.

** **

Que le fils de saint Ignace soit l'auteur de la Règle de la Congrégation des sœurs de Saint-Joseph, cela ne fait pas le moindre doute. D'après les Pères de la Compagnie de Jésus de la province de Toulouse, priés par M. l'abbé Achard de vouloir bien dire là-dessus leur sentiment, le R. P. Carrère répond :

« L'idéal de sainteté donné aux religieuses de Saint-Joseph est celui-là même conçu par saint Ignace pour sa Société. C'est son esprit qu'on retrouve dans les Règles manuscrites, mais dégagé du caractère militant des jésuites et tempéré par l'esprit de douceur de saint François de Sales. Le titre d' « Institut » vient de saint Ignace. A cette époque du XVIIe siècle, aucune congrégation n'avait appelé sa Société « Institut », sauf les jésuites. La formule des vœux, à Saint-Joseph, est calquée sur celle des vœux faits, après le noviciat, dans la Compagnie de Jésus. La méthode d'examen particulier, indiquée dans les règles, est celle même de saint Ignace ; elle remonte à ses *Exercices*, avant lui, personne ne l'a donnée de cette manière et ceux-là seuls qui s'inspiraient de ces *Exercices* ont pu la donner. Les litanies des saints, que les sœurs récitent le soir, sont la seule prière du soir que les jésuites font en commun. Une foule d'expressions que l'on peut relever dans les règles : « la plus grande gloire de Dieu » « la plus grande abnégation de soi-même, » et quantité d'autres, sont la traduction littérale d'expressions latines des règles de la Compagnie de Jésus. »

C'est donc bien le P. Médaille qui est l'auteur de la Règle. Mais il y a eu, dans la Compagnie de Jésus, trois Pères

Médaille ou Médailhe : Jean-Pierre et Jean-Paul qui étaient frères, et Pierre qui était leur neveu.

Les sœurs de Saint-Joseph avaient toujours regardé le P. Jean-Pierre Médaille comme leur fondateur, lorsque un ouvrage du Père Sommervogel vint les jeter dans le doute. Cet auteur attribuait la fondation de l'institut au Père Jean-Paul et le P. Léonce de Grand-Maison, directeur des « Études », se basant sur le P. Sommervogel, écrivait le 14 septembre 1910, à M. le chanoine Bouchage : « LePère Jean-Paul a laissé une œuvre encore meilleure, celle des sœurs de Saint-Joseph qui, fondées au Puy-en-Velay, se sont répandues dans tout le Centre, le Sud-Est et le Sud de la France [1]. » Il aurait pu dire : se sont répandues dans le monde entier comme nous le verrons plus tard.

Ce prénom de Jean-Paul causa de l'étonnement et provoqua des recherches. Elles se résument dans les lignes suivantes trouvées dans les papiers de M. l'abbé Achard qui nous ont rendu de grands services :

« Le P. Jean-Pierre Médaille, né à Carcassonne, le 6 octobre 1509, entra chez les jésuites en 1626 et mourut à Billom (Puy-de-Dôme), le 30 octobre 1669.

« A partir de l'année 1643 qui suivit sa troisième année de noviciat, nous le voyons à Aurillac, à Saint-Flour remplir les fonctions de ministre, Procureur, Préfet spirituel, confesseur et prédicateur. De 1654, à sa mort, il se consacra à peu près exclusivement aux Missions avec Montferrand (Puy-de-Dôme) et plus tard Clermont-Ferrand comme résidence et centre de rayonnement.

« Jean-Paul Médaille, frère cadet du précédent, naquit le 29 janvier 1618, entra au noviciat le 14 août 1640 et mourut le 15 mars 1689.

« C'est à tort qu'on a attribué à ce dernier la fondation

---

1. M. le chanoine Bouchage : *Chroniques des Sœurs de Saint-Joseph de Chambéry*, p. 585.

CHÂTEAU YON

NOYAU DE LA MAISON MÈRE DES SŒURS DE SAINT-JOSEPH DE LYON,
AUTOUR DUQUEL SONT VENUS SE GROUPER TOUS LES BATIMENTS ACTUELS
(ACHETÉ PAR MÈRE SAINT-JEAN EN 1823)

des sœurs de Saint-Joseph. Jean-Paul fut ordonné prêtre en 1645 et Jean-Pierre en 1637.

« En 1651, l'année de l'approbation de l'Institut par Mgr de Maupas, Jean-Paul n'était pas encore sorti de l'enseignement; s'il avait prêché, ce n'était qu'en passant et en 1651, car en 1652 il était professeur de philosophie à Clermont, au moins depuis deux ans et il l'avait été ailleurs.

« Il ne pouvait s'agir du troisième Père Médaille qui, né le 8 septembre 1678, n'était entré au noviciat qu'en 1657 [1]. »

C'est donc bien, comme les sœurs l'ont toujours cru, le Père Jean-Pierre Médaille qui a fondé la Congrégation de Saint-Joseph et qui en a rédigé la Règle. La confusion s'explique par la similitude des lettres initiales des deux prénoms et par ce troisième Père Médaille qui s'appelait Pierre. On a dit : Ça ne peut pas être Pierre, c'est Paul. Et l'on a oublié l'aîné Jean-Pierre.

Rendons à César ce qui est à César.

---

1. *Archives jésuites*, province de Toulouse. *Archives départementales*, Haute-Loire : Fondation de collège.

CHAPITRE IV

Naissance de l'Institut

Tout est prêt maintenant, le Berceau et la Règle; il n'y a plus qu'à réunir à Montferrand [1] celles qui doivent l'habiter. Elles n'auront pas pour s'y rendre un long voyage à faire; elles sont là, tout près, chez la très vertueuse Dame Lucrèce de la Planche, veuve de M. de Joux, gentilhomme de Tence (Haute-Loire). Du vivant de son mari, Mme de Joux habitait son château que l'on peut voir encore dans l'arrondissement d'Yssingeaux. C'était une fervente catholique; mais son beau-père avait embrassé l'hérésie et, de ce fait, son mari se trouvait protestant; Mme de Joux, qui en avait un grand chagrin, eut l'immense consolation de les voir ramenés l'un et l'autre à la foi catholique par saint François Régis.

La mort lui ayant enlevé son mari, Mme de Joux quitta Tence, vint habiter le Puy où les secours spirituels étaient plus abondants et consacra au bien sa vie et sa fortune.

En même temps qu'il préparait Montferrand, Mgr de Maupas pressait le P. Médaille de grouper les âmes destinées à fonder l'Institut. Mise au courant des projets, Mme de Joux offrit de les recevoir chez elle. L'offre fut acceptée et son hôtel, véritable Cénacle, devint un postulat et fut, en réalité, le premier berceau de l'Institut. La pieuse veuve devint

1. Ne pas confondre la ville de Montferrand avec l'hôpital situé dans le quartier de Montferrand au Puy.

la mère adoptive de la congrégation naissante et jusqu'à sa mort contribua de toutes ses forces à son développement.

Le P. Médaille n'eut donc qu'à faire un signe pour voir venir ses filles à Montferrand. En quelle année faut-il placer cette première réunion qui marque le début de la fondation? Nous lisons dans la préface des Constitutions, imprimées pour la première fois, à Vienne en 1693 :

Toutes choses ayant été disposées par Mondit Seigneur l'évêque, pour l'exécution d'un si pieux dessein, Sa Grandeur assembla toutes ces filles dans l'Hôpital des Orfelines du Puy et leur en donna la conduite et le quinzième jour du mois d'octobre, fête de sainte Thérèse, de l'année mil six cents cinquante, cet illustre Prélat leur alla faire une Exhortation, toute pleine d'onction de l'Esprit de Dieu, par laquelle il anima toutes ces nouvelles Sœurs au plus pur amour de Dieu et à la plus parfaite charité du Prochain; et à la fin, il leur donna sa bénédiction avec des témoignages extraordinaires d'une cordialité et d'une bonté paternelle pour leur Congrégation. Il les mit sous la protection du glorieux saint Joseph et ordonna que leur Congrégation s'appellerait la Congrégation des sœurs de Saint-Joseph; il leur donna des Règles pour leur conduite et leur prescrivit une forme d'habit; enfin il confirma l'établissement de ladite Congrégation et les Règlements qu'il leur avait donnés, par ses Lettres Patentes du dixième de Mars mil six cents cinquante un.

Des lignes que nous venons de lire, retenons bien deux dates :

1º Le 15 octobre marque le jour de la naissance de la congrégation; cela est certain. Tous les ans, le jour de la fête de sainte Thérèse, les religieuses célèbrent l'anniversaire de la fondation de leur institut;

2º La congrégation de Saint-Joseph a été autorisée d'une manière authentique, par Mgr de Maupas, le 10 mars 1651. Ceci est certain encore. Nous avons sous les yeux le texte de l'Ordonnance du prélat fondateur. Nous en extrayons seulement quelques lignes et nous y voyons consacrée la date ci-dessus.

« Henri de Maupas du Tour, évêque et seigneur du Puy, ayant appris que quelques bonnes veuves et filles voulaient se consacrer aux louables exercices de la charité... ce dessein nous a semblé si louable que nous l'avons embrassé de grande affection... et permis de dresser leur congrégation sous le nom et titre de Saint-Joseph...

« Au Puy, ce dixième Mars mil six cent cinquante un.

« HENRY, *Évêque du Puy* [1]. »

Ce jour-là, les premières religieuses furent admises à prononcer les vœux simples, mais perpétuels de pauvreté, obéissance et chasteté.

Quant à la troisième date, 1650, elle est sûrement fausse. En effet, nous trouvons, dans les *Archives départementales* que « le 18 octobre 1650, le Conseil consulaire décide d'écrire à l'évêque du Puy qui est de présent aux États de Languedoc, convoqués à Pèzenas pour le 15 octobre. »

Et le *Journal* de M. le curé Aulanier nous apprend qu'en 1650 « Mgr de Maupas avait avancé le Synode d'une quinzaine de jours, parce qu'il voulait aller en Languedoc aux États généraux de la Province [2]. »

Le prélat qui avance le synode en 1650 n'a sûrement pas manqué la séance d'ouverture le 15 octobre, pour présider, ce même jour, une vêture religieuse. Il n'y avait alors ni chemin de fer, ni automobile pour lui permettre de faire, le matin, une exhortation aux religieuses et de siéger, le

---

1. *Archives départementales* de la Haute-Loire, « Fondation Saint-Joseph ».

2. *Archives* de l'Église de Brinhon, diocèse du Puy, Reg. d'Aulanier.

soir, aux États de Languedoc. Il est certain que l'évêque n'était pas au Puy le 15 octobre 1650. Donc la première prise d'habit des religieuses de Saint-Joseph n'a pas eu lieu cette année-là.

Ce que l'étude attentive des documents nous permet de supposer et de conclure, c'est que les premières associées sont entrées à Montferrand, et y ont revêtu l'habit religieux le 15 octobre 1648. Le *Mémoire* d'Étienne Treveys qui nous a guidés dans la marche de l'organisation de l'hôpital nous servira encore. Sur ce *Mémoire* figurent toutes les dates et tous les travaux d'agrandissement qui se sont faits sous la direction de Françoise Eyraud. Ces travaux sont maintenant terminés ; Treveys clôt son compte et le date du 13 mai 1648. Puisque tout est prêt, il n'y a pas de raison d'attendre davantage.

D'ailleurs, on sait que saint Ignace exige un long noviciat de ses religieux ; son fils qui le suit de si près, n'a pas pu se contenter d'un noviciat allant, du 15 octobre 1650 au 10 mars 1651. Quatre mois de postulat peuvent s'admettre, mais quatre mois de noviciat, non ! Nous croyons plutôt que le sage religieux a voulu que ce premier noviciat si important durât un peu plus de deux ans, c'est-à-dire du 15 octobre 1648 au 10 mars 1651.

Et c'est ici que nous voyons réapparaître Marguerite de Saint-Laurent dont nous avons prononcé le nom, à la date du 3 mars 1648. Cette personne était étrangère au pays. Gabriel Lanthenas, riche bourgeois du Puy qui s'est beaucoup intéressé à la fondation de l'Institut de Saint-Joseph, nous montre en elle, dans ses *Mémoires*, une personne d'une piété remarquable et d'une très grande vertu. Elle était, selon lui, d'une austérité effrayante.

M. l'abbé de Lantages, premier supérieur du séminaire que M. Olier venait de fonder au Puy, partage cette admiration, et voit en elle un grand caractère et une supériorité d'esprit remarquable ; tout cela joint à un savoir-faire qui désarmait les plus mal intentionnés; les consuls étaient de ceux-là.

Quant au Père Médaille, il nous est facile de voir le cas qu'il faisait de Marguerite de Saint-Laurent. Ne pouvant s'occuper en personne de la formation de ses premières novices, il s'en déchargeait sur celle dont il était depuis longtemps le directeur. C'est donc qu'il avait en elle une absolue confiance, qu'il la savait capable d'imprimer à l'Institut une impulsion vigoureuse et d'inculquer, à ces âmes si bien disposées, le sentiment et la pratique de la haute sainteté, si nécessaire à ces premières recrues qui devraient transmettre ce qu'elles auraient reçu à celles qui viendraient continuer leur œuvre.

Cette pieuse Maîtresse est secondée par le P. Médaille qui ne cesse d'intervenir directement, soit par ses visites, soit par ses lettres. Mgr de Maupas ne ménage pas non plus les marques d'intérêt et les preuves de dévouement à ce fervent noviciat.

Marguerite de Saint-Laurent ne fit jamais partie ni de la congrégation de Saint-Joseph, ni d'aucune autre congrégation. Quand l'Institut eut une vie assez forte pour lui permettre de se passer d'un appui étranger, jugeant son œuvre accomplie, Marguerite se retira près de Saint-Flour, dans une grotte creusée dans le roc, et consacra le reste de sa vie à la prière et aux austérités de la pénitence.

Une bonne fortune a fait découvrir, dans les *Archives départementales* de la Haute-Loire, le nom des six premières religieuses qui formèrent le noyau de la congrégation. Nous connaissons la première et nous sommes portés à croire que, comme elle, les cinq autres sont entrées à Montferrand avant le groupe hospitalisé par Mme de Joux; ce sont probablement celles dont nous a parlé Jacmon. Voici ces noms inconnus jusque-là :

Françoise Eyraud, de Saint-Privat d'Allier; Clauda Chastel, de Langogne, diocèse de Mende; Marguerite Burdier,

MAISON MÈRE DES SŒURS DE SAINT-JOSEPH DE LYON (FAÇADE SUD)

de Saint-Julien-en-Forez, diocèse de Lyon; Anna Chaleyer; de Saint-Genest-Malifaux, diocèse de Lyon; Anna Vey, de Saint-Jeure, diocèse du Puy; Anna Brun, de Saint-Victor, diocèse du Puy.

On ne nous donne pas leurs noms de religion, probablement parce qu'elles ne les ont portés que plus tard et que l'Administration de l'hôpital qui a conservé les noms de famille n'a pas eu souci des autres.

Le 13 décembre 1651, ces six religieuses passèrent par-devant notaire un « Acte d'Association » dans le but de donner à leur institut une existence légale. Le « Petit Dessein » était réalisé; devant Dieu et devant les hommes, la Congrégation de Saint-Joseph vivait.

CHAPITRE V

Développement

Voilà donc qu'une première communauté de Saint-Joseph fonctionne dans la capitale du Velay. Nous savons que Françoise Eyraud en est la supérieure. Si on l'a choisie pour diriger cette œuvre, c'est qu'on lui reconnaissait les qualités voulues pour seconder efficacement les fondateurs, tout en donnant satisfaction aux administrateurs.

Ces espérances étaient fondées; l'administration eut bientôt en elle une telle confiance, que Françoise Eyraud fut admise, comme on a pu le voir, aux délibérations du Conseil. C'est elle qui fut chargée d'en exécuter les décisions : crédits, achats, règlement de compte, tout passait par ses mains. Et ce qui prouve bien que c'était une femme de tête, c'est qu'elle dirigea la maison pendant près de quarante années, preuve qu'on était satisfait.

A Montferrand, on fit sans doute beaucoup de bien, mais on y fit, en tout cas, peu de bruit; si peu que rien ne s'entendit du dehors qui pût nous être rapporté; c'est en silence que ce bien s'opéra. J'ose dire que nous le regrettons presque; on serait si heureux de savoir quelque chose des six fondatrices précédemment nommées, si heureux surtout de connaître mieux l'âme d'élite qui dirigea et anima cette maison, première Communauté de l'Institut.

Dieu ne l'a pas permis. Il convenait sans doute que la première leçon donnée par la première supérieure de la congrégation de Saint-Joseph fût une leçon d'humilité. Les rares papiers sauvés du naufrage des *Archives* et conservés à la maison mère du Puy nous disent cependant que Françoise Eyraud vivait encore en 1679 et que, le 18 novembre 1684, sœur Anna Brun lui succédait dans la charge de supérieure. Ce peu suffit pour nous donner la date approximative de sa mort.

Le bien ne fait pas de bruit, mais il rayonne au loin; l'Institut est à peine né que les maisons se multiplient. Mgr de Maupas, non content de l'entourer de son affection, écrit à ses collègues : « Nos seigneurs les évêques sont très humblement suppliés d'avoir une charité paternelle et un soin particulier pour le maintien et l'avancement de cette petite congrégation, en considération de saint François de Sales, puisqu'elle n'a été établie que pour faire revivre l'esprit de la première institution que ce bienheureux prélat fit des sœurs de la Visitation de Sainte-Marie. »

Cet appel fut si bien entendu qu'en moins de quinze ans l'institut se répandit dans les diocèses du Puy, de Clermont, d'Embrun, de Gap, de Sisteron, de Viviers, d'Uzès, etc.

Mais si, de ce côté, le prélat fondateur éprouvait des consolations, il était vivement affligé d'autre part et les filles de Saint-Joseph durent ressentir ses tristesses de façon bien sensible. Nous l'avons dit, l'évêque était le seul seigneur du Puy; malheureusement il avait dans les princes de Polignac de dangereux voisins qui convoitaient depuis longtemps de partager les bénéfices de la seigneurie. Comme ses prédécesseurs, Mgr de Maupas dut défendre les droits de son siège. Le diocèse se divisa; des factions rivales se formèrent, les uns étaient pour l'évêque, les autres pour les Polignac; la guerre civile s'en suivit; le sang coula. Tous les moyens de conciliation ayant échoué, Mgr de Maupas, fatigué, échangea son siège contre celui d'Évreux, en 1661.

Son successeur, Mgr Armand de Béthune, ne tarda pas à se rendre compte du bien opéré dans son diocèse par la congrégation; il voulut aussi rendre une Ordonnance en sa faveur, sachant, disait-il, que « Dieu se plaît bien souvent à répandre abondamment les flammes de son saint Amour dans le sexe féminin pour le rendre l'instrument de la plus belle dévotion et ayant appris le zèle que la congrégation des filles qui sont établies en notre présente ville du Puy et autres endroits de notre diocèse depuis environ une quinzaine d'années.... Nous avons de rechef confirmé et approuvé ladite Congrégation, etc...

« ... Le vingt-troisième jour du mois de septembre, l'an mil six cent soixante-cinq.

« *Armand de Béthune, évêque du Puy et comte du Velay.* »

Ce nouveau prélat ne se contenta pas de publier une Ordonnance; il aida l'essor des œuvres de la congrégation de sa fortune personnelle. Pour permettre l'agrandissement du berceau de Montferrand, il acheta, de ses propres deniers, plusieurs maisons contiguës.

En 1668, c'est l'archevêque de Vienne, primat des primats des Gaules qui leur donne des Lettres Patentes. Après les avoir établies dans le grand Hôtel-Dieu de sa ville archiépiscopale, il écrit : « Ayant appris le bien que la Congrégation a fait... nous les avons appelées et ensuite établies dans le Grand Hôtel-Dieu de cette ville (Vienne) où elles ont fait de nouveaux progrès et donné de nouvelles marques du zèle qu'elles ont pour le soulagement et l'instruction des pauvres; c'est pourquoi, considérant la grande utilité de leur congrégation, nous leur permettons de s'établir en une ou plusieurs maisons, selon qu'il sera nécessaire pour mieux répondre à leur charité, déclarant que nous les prenons sous notre protection.

« Donné à Vienne, dans notre Palais archiépiscopal, le dixième de septembre mil six cent soixante-huit.

« Henry, *archevêque de Vienne.* »

Mgr de Villars ne se contenta pas d'établir les sœurs à

Vienne, il les envoya à Saint-Vallier, dans la Drôme; au Cheylard et à Satilieu, dans l'Ardèche. Ces trois maisons devinrent plus tard maisons mères.

Et voyez si les idées marchent : Lyon qui, en 1618, avait refoulé dans le cloître les filles de l'évêque de Genève, appelle, en 1668, les sœurs de Saint-Joseph et leur confie maintes œuvres de charité, en attendant de devenir le centre de diffusion le plus important de l'Institut.

Après l'Église, l'État. Aux approbations des évêques, Louis XIV vient, en 1666, ajouter le prestige de l'approbation royale et tous les avantages qui en découlaient alors. Les sœurs de Saint-Joseph auraient désormais la possession tranquille de leurs biens; le droit de les transmettre, sans conteste, aux générations suivantes; d'échapper aux vexations du fisc et à la convoitise des héritiers.

Les Constitutions des sœurs de Saint-Joseph n'étaient encore que manuscrites; en 1693, Mgr Henry de Villars ordonna qu'elles fussent imprimées. Laurent Cruzi « Maître-imprimeur et marchand libraire » de Vienne fut chargé de ce travail. On lit sous ce titre : « Approbation et Confirmation des Constitutions des sœurs de Saint-Joseph.

« Henry de Villars... ayant vu et examiné les Règles et la conduite de la congrégation des sœurs de Saint-Joseph que nous avons établies il y a vingt-cinq ans dans l'hôpital de cette ville (Vienne) pour y servir les pauvres malades, nous avons été convaincu par l'expérience que toutes les Règles et pratiques de piété contenues dans leurs constitutions, étaient toutes saintes et fort propres à sanctifier toutes les âmes qui les observent et encore très avantageuses pour le salut et le service du prochain... Nous avons jugé nécessaire de les faire imprimer et... nous les avons approuvées...

« Donné à Vienne, dans notre Palais archiépiscopal, le 20 novembre 1693.

« Henry, archevêque de Vienne. »

Le P. Médaille n'eut pas la joie de voir sa Règle imprimée; en 1669 il écrivait à la sœur Fayolle, supérieure de Saint-Didier en-Velay :

« Recommandez au bon Dieu ma santé qui est un peu affaiblie depuis quelque temps. Je salue de toute mon affection votre chère Congrégation et suis de tout mon cœur, en Notre-Seigneur,
« Votre très humble et très obéissant serviteur.

« J. MÉDAILLE, *de la Compagnie de Jésus.* »

Le saint religieux était plus malade que ces lignes ne le faisaient supposer; il avait sans compter dépensé toutes ses forces, et le 30 octobre 1669, il allait se reposer dans le sein de Dieu.

Les jésuites ne font pas de bruit quand ils meurent, mais ils laissent une trace qui indique à ceux qui sont en bas le sentier qu'il faut prendre pour arriver au ciel.

Toute la grande famille de Saint-Joseph marche dans ce sentier et, plongeant du regard de la foi dans le séjour des bienheureux, elle cherche, à travers la foule des élus, Celui qui fut son Père pour lui offrir, avec sa gratitude, l'hommage de sa filiale tendresse. Puis timidement, chacune de celles qui composent cette grande Famille ose lui demander : « Père, reconnaissez-vous votre enfant ? »

CHAPITRE VI

La Tempête

De 1651 à 1789, les communautés se multiplièrent dans des proportions surprenantes. Nous n'attirerons l'attention que sur l'une d'entre elles, celle de Monistrol, chef-lieu de canton de la Haute-Loire. Monistrol, autrefois beaucoup plus important qu'aujourd'hui, était la résidence d'été des évêques du Puy. Les religieuses de Saint-Joseph avaient, dans cette ville, au moins depuis 1668, la charge de l'hôpital général et de l'assistance des malades de la paroisse. Répondant au désir de Mgr de Gallard, en 1778, elles ouvrirent une école populaire, à côté de l'hôpital. A la tête de ce groupe d'œuvres très florissantes, l'évêque plaçait, en 1785, une jeune supérieure, Mère Saint-Jean, dans le monde Jeanne Fontbonne de Bas-en-Basset. Sa propre sœur et son aînée, Marie Fontbonne, en religion sœur Sainte-Thérèse, faisait partie de la communauté et s'effaçait sans peine devant sa cadette qu'elle aimait de très grande affection. La jeune supérieure n'avait encore que vingt-six ans ; religieuse à la fois grande et simple, forte et douce, elle révéla bientôt les rares qualités qui lui valurent les sympathies et la confiance de tous. A Monistrol, elle préludait, sans le savoir, à la grande mission que lui réservait la Providence.

La rapidité de notre récit ne nous permettra pas de nous étendre autant que nous le voudrions sur cette noble existence, mais la *Vie de Mère Saint-Jean* qui est en préparation et paraîtra prochainement, nous la fera mieux connaître. En attendant, nous nous contenterons d'esquisser à grands traits cette belle figure.

****

En 1789, la tourmente révolutionnaire ravagea le Velay comme le reste de la France; chassées de leurs maisons, les sœurs de Saint-Joseph vécurent de mauvais jours. Le vent de folie déchaîné sur la France jetait du sable dans les yeux, on ne voyait plus clair. Sous prétexte de corriger les abus, on s'acharnait à détruire tout ce qu'il y avait de meilleur.

Monistrol ne fut pas épargné. Les partisans de la Révolution, l'ayant en haute estime, en firent un chef-lieu de district. L'honneur est un vin qui enivre les faibles; si minime que soit celui-ci, Monistrol fut pris d'ivresse et incapable de raisonner. Le curé de la paroisse lui-même oublia son devoir. Non content d'avoir prêté le serment défendu, il employa toute son influence pour entraîner son troupeau à sa suite.

Les religieuses ne se laissèrent point séduire, mais leur situation devint très difficile; l'évêque ayant refusé le serment s'était vu contraint de prendre le chemin de l'exil et les sœurs restaient sans appui.

Pour la fête du Saint-Sacrement, en 1792, elles ne voulurent à aucun prix suivre la procession présidée par le prêtre apostat. Furieux, celui-ci souleva contre elles une émeute. Des hommes armés de haches viennent assaillir le couvent. Mère Saint-Jean ne leur donne pas la peine d'enfoncer la porte, elle l'ouvre et se présente seule devant eux. Ils veulent l'obliger à jurer qu'à l'avenir les sœurs sauront obéir à la Constitution. En son nom et au nom de ses sœurs, elle refuse de jurer. Ils essaient de pénétrer. « Inutile d'aller plus loin, dit-elle, la tête répond pour le corps. » Subjugués par cette fermeté, les émeutiers s'arrêtent, se regardent et finalement se retirent. « Quelle femme, disent-ils, il n'y a rien à faire avec elle! »

Ce n'était qu'un répit; il permit du moins à la prudente supérieure d'assurer un asile à ses filles. Craignant pour leur tranquillité, elle les pressa de rentrer dans leurs foyers et resta seule à son poste, avec sa sœur Thérèse et sœur Marthe, converse, qui leur était fort attachée; une sœur de l'hôpital refusa aussi de quitter ses malades.

Le 14 octobre de la même année, les émeutiers reviennent; la porte est close; ils forcent la serrure de la maison d'école; pénètrent dans les salles; jettent les trois sœurs à la rue et ferment le couvent, en attendant de le vendre comme bien national. Les émeutiers paraissent ignorer qu'une d'entre elles est encore à l'hôpital; elle y reste et continue son œuvre de dévouement, au milieu de mille périls, durant toute la tourmente. Il nous a été impossible de retrouver son nom.

Recueillies à Bas, par M. Fontbonne heureux de retrouver ses filles, mère Saint-Jean et ses deux compagnes ne tardèrent pas à devenir suspectes. A la suite d'une visite domiciliaire toutes trois sont conduites dans les prisons de Saint-Didier, rebaptisé sous le nom de Montfranc par les révolutionnaires qui ne voulaient plus de saint.

Un jour, où il y avait eu une série de condamnations, le geôlier dit à Mère Saint-Jean, en quittant sa cellule : « Citoyenne, à toi demain! — *Deo gratias!* » répondit-elle.

« Si c'est demain son tour », se dirent ses deux compagnes, « ce sera le nôtre aussi ». Et toutes trois se préparèrent. Il leur restait une petite pièce de monnaie, elles l'employèrent à faire rafraîchir leur linge, pour aller dignement à la fête annoncée.

Le lendemain, des pas pressés se font entendre. « C'est le moment, » disent-elles, en se levant d'un même élan... « Citoyennes, leur dit-on, vous êtes libres, Robespierre est tombé. — Ah ! mes sœurs, s'écria Mère Saint-Jean, nous n'étions pas dignes de mourir pour notre sainte Religion! »

Rentrées de nouveau dans leur famille, à Bas, les sœurs ne

pouvaient y demeurer sans un certificat d'élargissement. J'ai sous les yeux celui qui fut délivré par la municipalité; le nom de sœur Marthe n'y figure pas, peut-être n'est-elle pas revenue à Bas. Ce certificat vient à la suite de plusieurs autres semblables. En voici la partie importante, avec l'orthographe et le style :

« Et de suite sont comparues les citoyennes Jeanne et Marie Fontbonne ex-joséphine du ci-devant couvant des sœurs de ce ordres à Monistrol originaire de cette commune de Bas, lesquels ont requis l'enregistrement de leur élargissement de la maison de réclusion de Montfranc à quoi il a été procédé de suite ainsi qu'il suit :

« Je soussigné Jean pierre liotier concierge de la maison de réclusion déclare que les citoyennes jeanne et Marie Fontbonne sont élargie par ordre du citoyen Dance agent national du district de Monistrol et le citoyen liogier membres du comité revolution *(sic)* du district de Monistrol... »

Jeanne et Marie Fontbonne sont à Bas, nous le savons; maintenant, sur leur vie, va se faire le silence, un silence long de douze années, durant lesquelles il ne sera question, ni de Mère Saint-Jean, ni de sœur Thérèse, ni d'aucune autre sœur de Saint-Joseph. Leurs œuvres si utiles, si vivantes, si admirablement édifiées n'existent plus. Plus d'écoles, plus d'hôpital, plus de couvent, plus rien, que les ruines, les deuils, la désolation.

Le « Petit Dessein » est-il donc à jamais anéanti ? »

Non, le grain jeté dans la terre du Velay a des racines trop profondes pour que l'arbre périsse. Laissez tomber l'orage et la vie reviendra plus forte, plus puissante. Pour vous en assurer plongez le regard dans l'avenir et voyez.

Par ses branches et par leurs rejetons, l'arbre sorti de l'humble semence étend ses rameaux sur le monde. Les filles de Saint-Joseph vont se multiplier. On les verra en France, en Italie, en Suisse, en Belgique, en Angleterre, en Irlande, au Danemark, en Suède, en Norvège, en Islande,

PARLOIR DE LA MAISON MÈRE — UNE PARTIE DE LA COUR D'HONNEUR

aux États-Unis, au Canada, au Mexique, au Brésil, dans l'Hindoustan, dans l'Inde; on les verra dans les îles de l'Archipel et de la Méditerranée; on les verra près des lacs scandinaves et près du lac Huron; on les verra sur les bords du Nil et sur les bords du Gange; sur les rives du Mississipi et sur celles du Saint-Laurent; on les verra à Rome, à Beyrouth, à Moscou, à Philadelphie, à Toronto, à Saint-Louis, à la Nouvelle-Orléans et ailleurs; et ailleurs!... En Égypte, les sœurs de Saint-Joseph élèveront les enfants des beys; au Maduré, les enfants des Brahmes et partout, partout, les enfants des pauvres, leurs chers pauvres, la portion choisie de leur champ d'apostolat. Partout on les verra à côté des malheureux, des faibles, des petits auxquels iront toujours toutes leurs préférences.

Comme elle est grande cette petite chose qui s'appelle le « Petit Dessein »! Et comme elle fait penser à une autre chose plus petite encore que Montferrand : à Nazareth d'où devait sortir Celui dont la grandeur n'a pas plus de limites que l'éternité!

Et maintenant, dans le ciel où il règne, que le P. Médaille compte les membres de sa famille religieuse; qu'il compte ses enfants et les enfants de ses enfants, c'est-à-dire tous ceux que les sœurs de Saint-Joseph ont fait entrer avec elles au séjour des élus. Après ceux du ciel, qu'il compte ses enfants de la terre. Combien a-t-il de filles vivantes aujourd'hui? Au moment où nous écrivons, elles sont bien vingt-cinq mille au moins. Vingt-cinq mille qui vivent de son esprit, qui observent sa Règle, qui s'efforcent de faire passer dans leur conduite les sublimes maximes échappées de son âme. Vingt-cinq mille qui se dévouent au service de leurs frères... Et, si Dieu le permet, qu'il compte encore combien il en aura jusqu'à la fin des siècles. Est-ce beau une couronne pareille?

Vraiment il convient de s'abîmer dans l'admiration et dans l'action de grâces; il convient, en même temps, de se bien pénétrer de cette vérité : Tout ce qui doit être grand sort de l'humilité !

Nous n'aurons pas la joie et nous n'avons pas la mission d'étaler sous les yeux du lecteur toute la luxuriante végétation de l'arbre de Saint-Joseph, mais nous suivrons, à vol d'oiseau, la branche sortie de Monistrol dont la poussée a pris la direction du Lyonnais. Nous ne verrons pas, dans la course rapide qui nous est imposée, toutes les beautés que suppose cette riche ramure, mais le peu que nous apercevrons suffira pour nous faire soupçonner le reste.

CHAPITRE VII

LA RÉSURRECTION

La tempête est calmée. Le culte est rétabli en France. Les craintes s'apaisent ; on ose se montrer.

A Saint-Étienne-en-Forez, dans la rue de la Bourse, au quatrième étage de la maison Pascal, des femmes à la fois graves et souriantes se trouvent réunies. Pour peu qu'on soit observateur, on devine des âmes d'élite. Ce sont, en effet, des jeunes filles, de pieuses veuves, d'anciennes moniales qui attendent le jour où il leur sera permis de dire ouvertement à tous : « Je suis au Christ et à nul autre. » Elles prient, elles travaillent, elles s'adonnent à la pénitence et se tiennent jour et nuit au service des misères humaines. On les appelle « Les filles Noires » de la couleur de leur habit, ou les « Sœurs de la bonne mort », parce qu'elles s'occupent des malades et des mourants. M. Claude Cholleton, curé de la principale paroisse de Saint-Étienne, les a groupées là, en attendant que soit possible la restauration religieuse.

Nommé vicaire général du cardinal Fesch, M. Cholleton laisse à M. Piron, son successeur, le soin de ces âmes pieuses, mais sans oublier pour cela la rue de la Bourse. Il en parle à son archevêque qui s'y intéresse à son tour et, quand enfin sonne l'heure propice, le prélat lui conseille, non de créer une congrégation nouvelle pour ce petit essaim, mais de faire revivre celle de Saint-Joseph, anéantie par la Révolution et d'y adjoindre la famille naissante de la maison Pascal, lui promettant de l'aider dans cette entreprise et de se faire le protecteur de l'Institut.

M. Cholleton entra dans les vues du cardinal; il le fit d'autant plus volontiers que le P. Imbert, religieux franciscain, ayant prêché un carême à Lyon, avait eu l'occasion de lui signaler les mérites et les rares qualités de l'ancienne supérieure de Monistrol, qu'il avait vue à l'œuvre, étant lui-même en résidence dans cette ville, avant la Révolution.

Mère Saint-Jean s'était retirée, nous l'avons dit, à Bas, dans la maison paternelle; elle fut mandée par l'autorité diocésaine. Effrayée d'abord de la mission qui lui était proposée, elle finit toutefois par l'accepter, comptant sur le secours de Dieu. Le 24 août 1807, elle arrivait à Saint-Étienne, où elle fut reçue comme une envoyée du Ciel.

La vie était austère à la maison Pascal : on couchait sur la dure, on se levait à l'aube, on prolongeait les veilles, les jeûnes étaient fréquents, les instruments de pénitence quotidiennement en usage et le silence presque continu. En contemplant la ferveur des âmes qu'elle était appelée à gouverner, l'admiration de Mère Saint-Jean fut grande, mais elle comprit tout de suite que la vie pénible de Saint-Joseph ne permettrait pas de telles austérités; elle se promit d'en modérer l'ardeur, mais en même temps, elle remercia Dieu de l'avoir conduite dans ce foyer de ferveur qui mérita d'être appelé, par nos sœurs d'Amérique : « La Perle de l'Institut. »

Le 14 juillet 1808, la communauté de la rue de la Bourse déposait l'habit séculier pour revêtir celui de Saint-Joseph. C'était la résurrection du modeste « Petit Dessein ». « Vous êtes peu nombreuses, dit M. Piron, au discours de vêture, mais comme un essaim d'abeilles, vous vous disperserez partout. Votre nombre sera comme celui des étoiles du ciel. En vous multipliant, vous conserverez toujours la simplicité et l'humilité qui doivent caractériser les filles de Saint-Joseph. »

Elles étaient douze; signalons seulement Anne Matras, de La Valla-en-Gier (Loire). Entrée la première dans la maison Pascal, elle en fut la supérieure jusqu'à l'arrivée de Mère Saint-Jean, c'est-à-dire, pendant six ans. Avec une humilité admirable, elle céda sa place à la nouvelle venue et reçut, le jour de sa vêture, le nom de sœur Saint-François-Régis. Signalons encore Suzanne Marcoux; celle qu'on appellera sœur Saint-Jean-Baptiste est destinée à jouer un rôle important.

Non loin de la rue de la Bourse, dans la rue Mi-Carême, vivait un autre groupe d'âmes saintes qui rêvaient de s'envoler au cloître, dès qu'on en ouvrirait les portes. A celles-ci encore, le cardinal conseilla Saint-Joseph. Toutes acceptèrent. Entrées comme postulantes à la maison Pascal, dans le courant de 1808, elles revêtirent l'habit religieux dans leur maison de Mi-Carême qui possédait une chapelle, le 20 avril 1809. Cette fervente communauté devait continuer, à Saint-Étienne, l'œuvre de Saint-Joseph. Quant aux sœurs de la rue de la Bourse, elles se dispersèrent pour former dans cette ville, les communautés de Valbenoite, de Sainte-Marie, du Pieux-Secours et du Refuge. Celles qui restaient encore devinrent le noyau de la maison mère à Lyon.

Jusque-là, comme à la Visitation, toutes les maisons de l'Institut étaient indépendantes; chacune formait ses sujets. Après la restauration, l'expansion fut si grande et si rapide que, pour conserver l'unité d'esprit et pour répondre aux besoins des œuvres, il fallut songer presque aussitôt à créer un noviciat unique et un centre de gouvernement. L'autorité archiépiscopale décida que le gouvernement central et le noviciat seraient à Lyon, en face de Fourvières, sur la colline sanctifiée par les fils de saint Bruno. Le noviciat de Mi-Carême, très fervent et très prospère, continuerait à subsister jusqu'à nouvel ordre.

Mère Saint-Jean fut appelée à Lyon en 1816. En attendant

les constructions nécessaires, c'est dans les cloîtres mêmes, et dans une cellule des chartreux que la congrégation eut son second berceau; la salle du chapitre des religieux servait pour les prises d'habit.

Parmi les biens dilapidés de l'ancienne Chartreuse se trouvait le château d'Yon dont le clos s'étendait jusqu'à l'église du monastère, devenue l'église paroissiale de Saint-Bruno. Mère Saint-Jean acheta cet immeuble en 1823; elle fit faire de grandes réparations au château que la Révolution avait saccagé; y ajouta de nouvelles acquisitions et de nouvelles constructions et le tout devint la maison mère de la Congrégation de Saint-Joseph de Lyon. Mère Saint-Jean fut nommée supérieure générale et tous les établissements créés ou reconstitués dans le diocèse furent soumis à son autorité.

Au début, la maison mère n'avait pas de chapelle; c'était une souffrance. Pour la faire cesser, on travaillait, on se privait, on économisait. Le jour vint enfin où Mère Saint-Jean put faire jeter les fondements de la maison de Dieu; ce fut pour toutes une joie immense. La chapelle qu'il s'agissait de construire ne devait être que provisoire, mais la vénérée fondatrice la voulut vaste, afin que tout le monde y fût à l'aise, et y fit installer une tribune pour la commodité des malades et des infirmes. Ce sanctuaire était simple et modeste, mais l'Hôte divin y résidait, c'était assez, tous les désirs étaient comblés.

Mère Saint-Jean pensait aussi aux chères anciennes qui ont porté le poids du jour et de la chaleur et dont le soir de la vie réclame un repos bien gagné. Elle demandait au bon Dieu, pour ces vénérables doyennes, un lieu tranquille, agréable, pas trop éloigné de Lyon pour qu'on pût les visiter souvent. Sa prière fut exaucée. A Vernaison, sur les bords riants du Rhône et à proximité de la gare, une campagne put s'acquérir; elle devint l'embryon de notre belle maison de retraite.

En même temps, des communautés de Saint-Joseph s'ouvraient de toutes parts. Nous n'essaierons pas d'en faire la nomenclature, il faudrait aligner deux cent cinquante noms, ce serait fastidieux. Rien qu'à Lyon, des Providences s'ouvraient à Saint-Bruno, à Saint-Pierre, à Saint-Denis, à Saint-Polycarpe, à Fourvières, à Saint-Louis de la Guillotière. Sur la paroisse d'Ainay, c'était l'œuvre des Charlottes qui s'occupait des prisonniers, c'était l'hospice des malades incurables. Un autre hospice d'incurables s'ouvrait à Vaise. Puis la maison de retraite des prêtres qui changea plusieurs fois de place et finalement fut transportée à Vernaison. C'était le dispensaire général que l'on trouve aujourd'hui près de la préfecture, où les malades pauvres peuvent se faire soigner. C'était le lycée qui confiait aux religieuses la lingerie et l'infirmerie des élèves où elles sont encore. C'était la crèche de Saint-Bernard, dans laquelle on garde les enfants dont les mères travaillent au dehors. C'était le Refuge de la Solitude où les jeunes libérées de la prison Saint-Joseph venaient abriter leur liberté dont elles craignaient de ne pas savoir faire usage. C'était, dans cette même maison, un noviciat qui s'ouvrait pour la formation spéciale des sujets destinés au service des prisons; noviciat qui, plus tard, émigra au Dorat, dans la Vienne. C'était l'institution des Sourdes-Muettes. C'étaient des œuvres de miséricorde, etc.

Sur cet ensemble d'œuvres et sur d'autres, nous nous étendrons davantage, dans la biographie qui se prépare. Aujourd'hui, parlons seulement de quelques-unes.

Et d'abord de celle de la rue Saint-Pierre-le-Vieux, près du funiculaire de Saint-Jean et de la cathédrale. Dans cette « Œuvre de Miséricorde », confiée à l'institut, entrait, en 1814, Mlle Chanay, de Villefranche-sur-Saône. Cette jeune fille était favorisée de dons extraordinaires, extases et discernement des esprits. Ces dons auraient pu rendre son entrée au noviciat difficile; les supérieurs se défient toujours de ce

qui sort de la voie commune; mais Mlle Chanay apportait,
pour les rassurer, une humilité profonde, une charité admirable et un ardent amour de Dieu. Elle fut admise, prit
l'habit religieux le 3 janvier 1815 et reçut le nom de sœur
Saint-Joseph. Dans la suite, elle fonda la maison et le noviciat de Belley, plus tard transféré à Bourg; la maison et le
noviciat de Gap et enfin la maison et le noviciat de Bordeaux.
Nommée supérieure générale de cette dernière congrégation,
elle garda cette charge jusqu'à sa mort, arrivée en 1853.
Elle mourut en odeur de sainteté, sa cause est introduite à
Rome.

Parlons aussi de la fondation d'Aix et de celle de Chambéry.

Dans l'été de 1812 le cardinal Fesch prenait les eaux à
Aix-les-Bains, ainsi que plusieurs membres de la famille
impériale; il eut donc l'occasion de voir de près l'ignorance
et l'abandon dans lesquels vivaient les enfants du pays. Le
cardinal qui s'intéressait particulièrement à la jeunesse,
espoir de l'avenir, résolut d'appeler les sœurs de Saint-Joseph
pour s'occuper des jeunes filles. Il informa de ses intentions
son vicaire général, le chargeant de négocier l'affaire et de
lui choisir des sujets.

On en désigna trois; sœur Saint-Jean-Marcoux dont nous
avons parlé était du nombre et fut nommée supérieure de ce
petit essaim.

Le premier devoir des trois élues était de se rendre auprès
de l'archevêque de Chambéry, Mgr de Solle, pour recevoir
sa bénédiction et se mettre sous sa dépendance. L'archevêque,
que le cardinal avait oublié d'avertir, se montra d'une
bonté parfaite et écrivit au maire d'Aix pour les recommander.

Le maire et son Conseil, comprenant tous les services
que l'on pouvait attendre d'une congrégation que l'Empereur
venait d'autoriser, de sœurs que l'oncle de l'empereur
faisait lui-même venir, proposèrent de leur donner la direc-

tion du Petit-Hôpital; les sœurs y prendraient leur logement, serviraient d'infirmières et y installeraient une école. La question de savoir comment elles vivraient n'étant pas envisagée, le projet n'offrait que des avantages pour la population. Quant aux sœurs, elles se trouvaient, sans ressources, en face de deux œuvres. La prudence humaine leur disait de refuser; la foi et la confiance leur tint tout un autre langage : elles acceptèrent.

Le Petit-Hôpital était l'ancien château d'Aix, devenu après d'admirables réparations, l'Hôtel de Ville et le Musée. Le château était grand, mais quand les sœurs arrivèrent, la Révolution en avait fait une ruine dans laquelle logeaient des soldats et des malades qui n'avaient que leurs vêtements pour se couvrir. Les sœurs s'émurent en face de cette misère; elles se mirent en quête de linge, prodiguèrent aux malades leurs soins les plus tendres et firent régner dans les chambres l'ordre et la propreté, allant jusqu'à faire elles-mêmes les réparations les plus pressantes. Quant à elles, elles n'eurent même pas, durant les premiers jours, la nourriture nécessaire.

Elles étaient à Aix depuis une semaine, quand le cardinal vint les visiter. Leur dénûment le jeta dans une pénible surprise. Il témoigna son mécontentement à l'administration et fit, à sa sœur, Madame Lœtitia, l'Impératrice mère et à Madame Pauline, la princesse Borghèse, sœur de l'Empereur, le récit de sa visite. Aussitôt les reines se rendirent à l'hôpital et toute la société qui avait suivi Madame Mère à Aix y vint aussi. On organisa une quête dont le produit fut versé dans les mains de la supérieure. L'œuvre du Petit-Hôpital était fondée. La municipalité fit les réparations nécessaires et pourvut à la subsistance des malades et des sœurs.

L'école fut ouverte dans les combles du château. Les familles envoyèrent leurs enfants, et les maîtresses ne tardèrent pas à être appréciées et aimées par toute la bonne population d'Aix.

L'année suivante, la reine de Hollande, mère de celui qui devait devenir l'empereur Napoléon III, arriva à Aix vers la fin mai. Le 10 juin, elle fit une promenade en calèche, à la cascade de Grézy, située à une lieue de la ville. Pour juger de l'effet de la chute, la reine passa sur une planche jetée, en guise de pont sur un petit bras d'eau qui bouillonnait au-dessous.

La comtesse de Broc, sa dame du palais, voulut passer à son tour; le pied lui manqua; elle disparut dans le gouffre. C'est en vain que tous les efforts furent tentés pour la sauver; quand on parvint à ramener son corps, il ne restait plus qu'un cadavre.

Le chagrin de la reine fut immense; Mme de Broc n'avait que vingt-cinq ans. « Élevée avec Hortense de Beauharnais, chez Mme Campan sa tante, elle avait obtenu dès l'enfance une place dans le cœur de cette princesse. La reine avait donné toute son amitié à celle qui avait obtenu toute son estime. Elle tomba dans une profonde mélancolie; pendant les premiers jours, elle ne voulut recevoir personne. Il n'y eut d'exception que pour Mère Saint-Jean qui, par la douceur de ses entretiens, devint la consolation de la princesse et réussit à la déterminer à chercher dans la religion et l'exercice de la charité la paix de son cœur éperdu de douleur [1]. »

Dans le secrétaire de Mme de Broc se trouvait un peu d'argent, la reine voulut qu'il fût employé à habiller douze enfants pauvres de l'école des sœurs de Saint-Joseph. La lectrice de la reine, Mlle Cochelet, avait été témoin de la catastrophe de Grésy, elle nous dit dans ses *Mémoires* en parlant de Mère Saint-Jean Marcoux : « Parmi les sœurs, la supérieure était réellement un ange. La reine la voyait souvent et s'y attachait. Elle apprenait d'elle à connaître

---

1. M. le Chanoine Bouchage, *Chroniques de la Congrégation des Sœurs de Saint-Joseph de Chambéry*, t. 1, p. 139.

les besoins des pauvres, le bien qui était à faire, ce qui leur serait utile [1]. »

A son instigation, la reine fit, dans l'hôpital contigu à l'établissement thermal, une fondation de dix lits pour les indigents qui auraient besoin de prendre les eaux.

L'Empereur, qui se plaisait à nommer la reine Hortense « sa fille », consacra cette fondation par un acte officiel, le 29 août 1813. Cet hôpital, que les sœurs de Saint-Joseph dirigent encore aujourd'hui, porte le nom d' « Hôpital de la Reine-Hortense ».

Le 16 août, la reine quittait la Savoie pour Saint-Leu. Comme preuve de son attachement elle envoya son portrait à l'humble sœur qui lui avait été si secourable dans sa douleur.

Pendant que les religieuses de Saint-Joseph s'établissaient à Aix, Mgr de Solle écrivait à l'archevêché de Lyon, afin d'en obtenir pour Chambéry, sa ville archiépiscopale. A l'archevêché, la demande fut accueillie avec empressement, mais à la maison mère, les sujets n'abondaient pas, on fondait partout! Malgré toute la bonne volonté, on ne put envoyer que deux sœurs. Elles partirent le 7 novembre 1812; quelques jours après, elles avaient deux cents élèves.

On devine si les débuts furent pénibles : le local était trop petit, le nombre de maîtresses insuffisant; mais, comme compensation, Mgr de Solle fut pour elles un vrai père; les notabilités de la ville vinrent aux sœurs avec toutes leurs sympathies; la marquise de Sieyès leur assura un subside annuel de douze cents francs et la population, si exceptionnellement délicate et reconnaissante de Chambéry, s'attacha très vite et très fortement à celles qui s'occupaient de leurs enfants.

Dès que la chose fut possible, Lyon vint en aide à la communauté écrasée de travail, en envoyant à Aix, comme

---

1. *Mémoires sur la reine Hortense et la Famille impériale*, 2e édit., t. 1, p. 106.

supérieure, Mère Saint-François-Régis, la première des « Filles Noires » que nous connaissons déjà et en assignant définitivement à Mère Saint-Jean Marcoux le poste de Chambéry, qu'elle occupait déjà, en même temps que celui d'Aix.

Vinrent les jours de deuil pour l'Empire. Le deuxième traité de Paris, 20 novembre 1815, restituait la Savoie à ses anciens souverains. La séparation des intérêts nationaux amena la séparation des communautés. Le 27 août 1816, le roi de Sardaigne, Victor-Emmanuel Ier, approuvait l'Institut et prenait sous sa protection les maisons de Chambéry et d'Aix; le roi Charles-Félix l'approuvait à son tour, le 23 septembre 1823; les sœurs de Savoie commençaient ainsi à avoir une existence à part. Des jeunes filles se présentaient, demandant à embrasser la vie religieuse; on les envoyait faire leur noviciat dans le diocèse de Lyon; Mgr de Solle n'était pas content de les voir quitter celui de Chambéry; il fit valoir à Mère Saint-Jean Fontbonne qu'on multiplierait les vocations en créant un noviciat en Savoie et celle-ci comprit les raisons de l'évêque. C'est alors que, sans secousse, sans froissement, sans heurts, Chambéry devint maison mère et Mère Saint-Jean Marcoux supérieure générale d'une congrégation qui ne comptait encore que deux communautés, mais qui allait devenir florissante et fonder des maisons qui, à leur tour, deviendraient maisons mères. Saint-Jean-de-Maurienne, Moûtiers, Turin, Pignerol, se séparèrent de Chambéry aussi doucement que Chambéry s'était séparé de Lyon, et toutes les séparations futures se feront de la même manière. Les multiples congrégations de Saint-Joseph forment une grande famille religieuse et sont liées entre elles par une étroite et profonde affection.

*
* *

Après la chute de Napoléon, le cardinal Fesch, comme toute la famille impériale, fut condamné à l'exil. Le cardinal sollicita du pape l'autorisation de se réfugier à Rome.

Pie VII, oubliant ce qu'il avait souffert par l'empereur, fit accueil à son oncle. Le cardinal, très riche et très large pour les œuvres et pour les malheureux, acquit bientôt dans la ville des papes une immense popularité. Les enfants pauvres l'intéressaient surtout; il voulut faire pour ceux de Rome ce qu'il avait fait pour ceux de Lyon et d'Aix. Allant même plus loin, il forma le projet d'établir, dans la capitale du monde chrétien, un noviciat des sœurs de Saint-Joseph. Pour aboutir plus sûrement, il obtint que le Souverain Pontife confiât lui-même, à cette congrégation, la direction de la section des jeunes filles dans l'hôpital apostolique de Saint-Michel *a Ripa*.

Le projet ébauché sous Pie VII, fut conclu sous Léon XII, en 1823. Le nouveau pontife, entrant pleinement dans les vues du cardinal, chargea son secrétaire d'État, le cardinal della Somaglia, d'écrire à Paris, au nonce apostolique, pour le charger de traiter cette affaire avec Louis XVIII et les autorités ecclésiastiques. Au nom du Saint-Père, il lui demandait d'envoyer à Rome quinze sœurs de Saint-Joseph de Lyon.

Le désir du pape était un ordre; le 2 juillet tout était prêt, les sœurs devaient partir le lendemain, quand Mgr de Pins, administrateur du diocèse de Lyon, en l'absence du cardinal, apprend que le gouvernement français, découvrant le cardinal Fesch derrière Léon XII, voyait de mauvais œil l'établissement, à Rome, d'une congrégation lyonnaise. N'ayant aucune raison majeure d'indisposer le gouvernement, le projet fut ajourné. Ce n'est pas Lyon, c'est Chambéry qui introduisit plus tard les sœurs de Saint-Joseph dans la Ville des papes.

Le projet de Rome n'ayant pas abouti, le cardinal Fesch songea immédiatement à doter Ajaccio, sa ville natale, d'une maison de Saint-Joseph; il prévint Mgr de Pins de faire diriger sur la Corse une partie de la caravane prête à partir pour l'Italie. Celui-ci ne fut pas très content; il lui en coûtait de voir s'en aller si loin de précieuses auxiliaires qu'on réclamait de tous côtés; il s'inclina cependant et cinq de ces religieuses quittèrent Lyon, le 17 septembre 1824.

« La population d'Ajaccio comprit le don que lui faisait la Providence. Elle était là tout entière sur le quai au moment où les sœurs débarquèrent. Il fallut faire appel à la garnison pour frayer passage aux cinq religieuses [1]. »

Les sœurs aimèrent tout de suite la Corse; elles ouvrirent une école et une pharmacie gratuites pour les pauvres. Durant dix années, elles ne s'occupèrent que des enfants du peuple, des malades et des malheureux; mais les notabilités d'Ajaccio réclamaient un pensionnat pour leurs jeunes filles. La supérieure, Mère Saint-Régis Chevallon (différente de la Mère Saint-Régis dont nous avons déjà parlé), dut faire le voyage de Rome, où le cardinal Fesch la mandait et où il l'accueillit avec une extrême bienveillance, ainsi que l'aumônier d'Ajaccio, M. l'abbé Crozet, son compagnon de voyage.

A Rome, la chambre d'honneur du palais cardinalice fut mise à la disposition de l'humble religieuse, ainsi que la voiture du cardinal. Il régla lui-même qu'elle resterait tous les jours au palais jusqu'après le dîner, qui avait lieu vers les deux heures du soir, pour traiter des affaires des communautés de l'île et qu'elle emploierait le reste de la soirée à visiter les monuments religieux. Pour couronner sa bienveillance, le cardinal sollicita du pape la faveur d'une entrevue. Le 20 juin 1835, Mère Saint-Régis était reçue en audience privée par Grégoire XVI, dans la bibliothèque du Vatican, vers les six heures du soir.

Bénissant Dieu de toutes ces consolations, l'heureuse supérieure revint à Ajaccio avec le projet et le plan d'un

---

1. Mgr Siméone, « Discours pour la célébration du centenaire de l'arrivée en Corse des religieuses Saint-Joseph de Lyon », prononcé dans la cathédrale d'Ajaccio, le 26 juin 1926.

pensionnat. Rentrée chez elle, elle se mit à l'œuvre sans hésitation. N'ayant assez d'argent ni pour acheter ni pour construire, elle loua une maison, en face de la mer, sur le beau golfe d'Ajaccio; fournit à l'Académie le nom d'une sœur pourvue du brevet supérieur; obtint de Lyon les sujets devenus nécessaires; dressa, de concert avec M. Sarrabeyrouse, vicaire général, un solide programme d'études et ouvrit le pensionnat.

Avec les pensionnaires arrivaient les demandes de fondations nouvelles. Partout dans l'île, on voulait des pensionnats, des écoles, des hospices. Mère Saint-Régis fonda des établissements à Bastia, Corté, Calvi, Bonifacio, Sartène, etc. L'espace nous manque pour parler de si intéressantes fondations. Bornons-nous à dire que bientôt la Corse compta deux cents religieuses de Saint-Joseph et que sœur Alphonse, la directrice du pensionnat d'Ajaccio, devint la supérieure de la communauté en 1876. Lorsqu'elle mourut, en 1888, l'établissement comptait soixante-trois religieuses et douze cents élèves. « Ses obsèques revêtirent le caractère d'un deuil public et le Conseil municipal, pour perpétuer sa mémoire, donna son nom à l'une des rues de la cité [1]. » On peut voir encore, à Ajaccio, la « Rue Sœur-Alphonse » qui longe le couvent et aboutit à la mer.

Après avoir donné des religieuses de Saint-Joseph à la ville natale du cardinal Fesch, Mgr de Pins pensa qu'il pourrait bien aussi en enrichir la sienne. De la caravane préparée pour Rome, il fit de nouveau détacher cinq sujets et les envoya, dans le diocèse d'Albi, ouvrir une maison à Oulias, dans le vieux château de ses pères.

Cette fondation qui n'avait pas été préparée n'eut pas de succès immédiat; mais un peu après, Oulias avait sa communauté, son noviciat et ne tardait pas à devenir maison

1. Mgr Siméone, « Discours du Centenaire ».

mère. La congrégation d'Oulias compta bientôt près de trois cents religieuses; ses établissements répandus dans le Midi y firent le plus grand bien.

Maintenant, un coup d'aile en diagonale. Du Sud, nous voilà dans l'Est.

Depuis 1822, sur la rive méridionale du lac de Genève, dans la gracieuse ville d'Évian, on pouvait voir des sœurs de Saint-Joseph. Elles y arrivèrent le 22 octobre et ouvrirent sans tarder une école pour les petites filles du peuple. L'année suivante, un pensionnat était créé et bientôt après fonctionnait une pharmacie.

En cette même année 1822, une seconde maison s'était ouverte en Savoie, c'était Mégève. Deux autres s'ouvrirent en 1827, l'une à Sallanches, l'autre à Thorens. Les religieuses de Saint-Joseph étaient maintenant connues dans le Chablais; les vocations s'y annonçaient nombreuses. Les postulantes s'étaient présentées à Évian dès le début de la fondation. Les premières envoyées à la maison mère de Lyon pour y faire leur noviciat, retournaient en Savoie, après leur formation, et venaient grossir la communauté d'Évian au grand profit des œuvres. C'était bien; pourtant, il y avait mieux. Lyon était loin; les voyages étaient longs et coûteux. Dans l'intérêt général et pour favoriser le recrutement, on crut devoir fonder un noviciat, qui ferait d'Évian une succursale de Lyon. Le projet se réalisa en 1825.

Les évêques d'Annecy entouraient de leur toute paternelle sollicitude cette communauté que le ciel bénissait de façon très visible; mais leur désir était de tirer de son sein les sujets nécessaires à la fondation d'une maison mère dans leur ville épiscopale et d'y transporter le noviciat. Grâce à l'esprit surnaturel de chacun tout s'arrangea le mieux possible. En 1835 la congrégation d'Annecy était fondée. C'est avec des sujets détachés de Pignerol, d'Évian, de Mégève, de Sallanches et de Thorens que se formait la maison mère.

INTÉRIEUR DE LA CHAPELLE DE LA MAISON MÈRE

Voici la circonstance qui favorisa l'accomplissement de ce projet.

En 1833, Mme la comtesse de la Rochejaquelein, se trouvant pour quelques semaines à Annecy, ne pouvait quitter son hôtel sans se voir assaillie par une multitude d'enfants, garçons et filles, qui passaient leurs journées dans la rue et dont toute l'occupation consistait à jouer et à solliciter l'aumône.

La comtesse donnait, mais s'apitoyait en même temps sur le sort de ces pauvres petits, voués aux pires désordres par suite de l'ignorance et de l'oisiveté.

Déjà, elle avait vu cela à Aix, au temps des splendeurs de l'Empire, et il lui avait été donné de constater l'heureuse transformation apportée par la présence des sœurs de Saint-Joseph. L'idée lui vint de faire pour Annecy ce que le cardinal Fesch avait fait pour Aix. Elle se rendit à l'évêché, vit Mgr Rey qui déplora avec elle le triste état de ces pauvres enfants. Les petites filles surtout les apitoyaient; mais, dit l'évêque, « faute de ressources, je ne puis rien pour elles ». La comtesse s'offrit à faire les frais d'une école, n'y mettant qu'une condition, c'est qu'elle serait confiée aux sœurs de Saint-Joseph qu'elle connaissait et dont elle estimait la congrégation.

Mgr Rey fut ravi. Lui aussi les connaissait les sœurs de Saint-Joseph; il les avait vues à l'œuvre à Chambéry, où il était vicaire général de Mgr de Solle. C'est lui qui, à peine intronisé sur son siège épiscopal de Pignerol, qu'il venait de quitter pour Annecy, y avait fait venir des religieuses de cet ordre dont sa propre sœur faisait partie. Il les désirait pour Annecy; son prédécesseur, Mgr de Thiollaz, les avait désirées aussi; il avait même acheté pour elles une part de la « Petite Visitation », mais il était mort sans pouvoir réaliser son projet.

Entre Mgr Rey et la comtesse, le plan fut immédiatement arrêté. On achèterait toute la « Petite Visitation », clos et bâtiments et l'on y établirait un couvent de Saint-Joseph.

En cette année 1833, ce monastère que la Révolution avait vendu par lambeaux, se trouvait avoir douze propriétaires; il était occupé par quarante-cinq locataires. Grâce aux libéralités de la comtesse, Mgr Rey le racheta presque en entier, pièce par pièce, de 1833 à 1837. Il est aujourd'hui la maison mère de la congrégation d'Annecy.

La « Maison de la Galerie », où sainte Chantal et ses deux premières compagnes, la mère Favre et la mère Bréchard, avaient revêtu le saint habit, fait leurs vœux de religion et résidé deux ans et demi, est à côté du monastère, mais n'en faisait pas partie. Après mille difficultés et une visible intervention de la Providence, cette maison put enfin s'acquérir. Et voilà comment il se fait que les religieuses de Saint-Joseph dont l'institut réalise le plan primitif de saint François de Sales, ont le bonheur d'habiter dans le berceau de la Visitation.

Ce n'est pas seulement à Annecy que les sœurs de Saint-Joseph ont été introduites par Mme de la Rochejaquelein; après les avoir vues à Aix, elle les avait voulues pour la catholique Vendée, arrosée du sang des siens. L'année même où la congrégation s'établissait en Corse, elle prenait pied parmi ceux que Napoléon appelait « un peuple de géants! » A partir de 1824, la Vendée et la Touraine virent s'élever des maisons de l'institut. Il y en eut à Saint-Aubin, à la Roche-de-Brand, à Curzay, à Maulévrier, à la Gaubretière, à Ligné, à Huismes, à Rigny-Ussé.

A propos d'Ussé, rappelons un souvenir.

A côté du château d'Ussé, l'un des plus beaux de la Touraine, et sous sa protection, se trouvait le couvent des sœurs de Saint-Joseph. Lors des grandes inondations de 1856, la Loire et l'Indre, en déversant sur les terres qui les séparent leurs flots tumultueux, avaient transformé l'île Saint-Martin en un vaste océan. Le couvent, situé au delà du fleuve, échappait en partie au désastre, bien que ses caves fussent envahies par les eaux; mais toutes les religieuses étaient dans l'angoisse, au sujet de la population. La supérieure, Mère Marie-Félicie Peillon, celle que, dans le pays, tout le monde appelait « la Mère! » courait d'un lieu à l'autre pour secourir les sinistrés et leur porter la nourriture.

Un jour, on vient lui dire que plusieurs familles ont dû se réfugier sur le toit de leur maison et poussent des cris de détresse, voyant que la maison menace ruine. Mère Félicie part aussitôt et voit des hommes attroupés, en face des vagues écumantes.

« Que faites-vous donc là? dit-elle; allons au secours de ces pauvres gens! — Vouloir hasarder le passage, lui fut-il répondu, c'est se livrer à une mort certaine. »

En ce moment, la supérieure aperçoit une barque, elle s'en approche et s'écrie : « Qui d'entre vous m'aidera à ramer? » Personne ne répond, tout le monde est glacé de frayeur.

« Ma sœur, dit Mère Félicie à la religieuse qui l'accompagnait, ne craignons rien, venez; Dieu sera avec nous, il faut sauver ces malheureux! »

Toutes les deux s'élancent dans la barque et la supérieure saisit les rames. La vue d'un tel courage fouette le cœur d'un spectateur; il remplace la sœur et part avec la Mère, sous les yeux de la foule tremblante. Vingt fois la barque disparaît derrière les vagues, et chaque fois du sein de cette foule qui la croit engloutie s'échappent des cris d'épouvante. Nos sauveteurs intrépides rament de toutes leurs forces. Le péril est grand, à chaque pas, la barque se heurte à des obstacles invisibles; c'est au prix de grands efforts et de précautions inouïes qu'elle se fraie un chemin à travers les dangers.

Enfin l'on arrive. L'esquif longe parallèlement le mur; les réfugiés du toit se précipitent, et leur empressement crée un danger nouveau.

« Arrêtez! crie la supérieure. Suspendez une corde et

laissez-vous glisser. » On obéit, En quelques minutes la barque est pleine. « Assez! dit-elle, que les autres attendent; nous reviendrons ». Et la barque s'éloigne.

De minute en minute, le danger grandit pour ceux qui restent et pour ceux que les flots ballottent. A tous, le trajet paraît interminable. Dans la barque, on rame, on prie, sans se décourager. « Aide-toi, le Ciel t'aidera, » si tu le lui demandes. Le proverbe ne trompe pas. Eux mettent leur confiance et leur effort, Dieu mettra son secours... Ils arrivent sans accident.

Malgré les supplications de la foule anxieuse, à peine déchargée, la barque se remet en route. Le second voyage réussit comme le premier et lorsque, un peu plus tard, les vagues furibondes emportèrent la maison, il ne s'y trouvait plus un seul être vivant. Personne ne périt et tous les sinistrés trouvèrent un asile au couvent.

Le gouvernement français décora la courageuse Mère; sa médaille d'or repose à côté d'autres dont nous ne parlons pas. Mais dites, savez-vous pourquoi il en est qui veulent tant de mal à celles qui font à tous tant de bien?... Savez-vous pourquoi?...

A Ussé, du moins, la population fut reconnaissante. Jusqu'à sa mort, arrivée en 1896, Mère Marie-Félicie fut l'objet de la plus tendre vénération.

Mais son école ne fut pas plus respectée que les autres par les lois d'expulsion. Aujourd'hui, pas plus que ses sœurs, la courageuse Mère ne pourrait se porter, si le flot revenait, au secours des malheureux menacés par leur violence.

Revenons à la bienfaitrice de l'enfance; il convient qu'on le sache; la comtesse de la Rochejaquelein a encore implanté les sœurs de Saint-Joseph en Amérique.

On sait que la vallée du Mississipi a été colonisée par des Français. Ce sont nos compatriotes qui jetèrent, à l'embouchure du fleuve, dans le golfe du Mexique, les fondements de la Nouvelle-Orléans, capitale de la Louisiane. A treize cents milles plus haut, ce sont eux encore qui fondèrent, sur la rive droite de ce même fleuve, la ville de Saint-Louis.

Or, pour soutenir le catholicisme naissant au Nouveau-Monde, il fallait à l'évêque de Saint-Louis de l'argent et des prêtres. Afin d'obtenir l'un et l'autre, il s'adressa à l'archevêché de Lyon, cette ville étant le siège de la Propagation de la Foi. La demande parut dans les *Annales* de l'œuvre; Mme de la Rochejaquelein en eut connaissance : « S'il faut des prêtres, il faut des religieuses, » dit-elle. Elle écrivit à l'évêque de Saint-Louis, en lui offrant de se charger des dépenses d'un établissement de sœurs de Saint-Joseph dans son diocèse. Mgr Rosati accepta, en manifestant le désir que, parmi les religieuses choisies, il s'en trouvât deux pour l'instruction des sourds-muets.

La mission de Saint-Louis fut préparée et organisée dès l'année 1834, par quatre serviteurs de Dieu : Mgr de Pins, M. Charles Cholleton, vicaire général [1], Mère Saint-Jean Fontbonne et la comtesse. Mgr de Pins donna des prêtres; M. Chollelon obtint de la Propagation de la Foi des secours en argent; Mère Saint-Jean donna des sœurs et Mme de la Rochejaquelein vendit ses bijoux pour payer la traversée et la première installation des religieuses.

Mais comme on ne voulait imposer l'exil à personne, l'archevêque de Lyon et la supérieure générale firent appel aux bonnes volontés. Elles s'offrirent nombreuses. Parmi celles que l'on agréa se trouvaient le neveu et les deux nièces de Mère Saint-Jean : M. l'abbé Fontbonne, sœur Fébronie et sœur Delphine, les trois enfants de son frère. La vertueuse tante eut le cœur déchiré, mais s'inclina devant le sacrifice.

Nous renvoyons à la *Vie* qui se prépare d'intéressants détails sur cette fondation. Disons seulement que le 17 janvier 1836, l' « Heidelberg » levait l'ancre au Havre et que

---

1. Neveu de M. Claude Cholleton, le Directeur des « Filles-Noires ».

nos missionnaires, après une traversée longue et pénible, (il n'y avait alors que des bateaux à voiles) le 25 mars, à 6 heures du soir, arrivaient à Saint-Louis.

A trois milles au sud de cette ville, on rencontre Cahokia dont la population se compose des descendants des premiers colons qui appartenaient à la noblesse française et qui parlaient notre langue. C'est là que les sœurs de Saint-Joseph s'installèrent d'abord. Les villageois étaient venus à pied, à cheval, en voiture, en charrette pour les recevoir et les conduire dans leur couvent. Elles y arrivèrent le 7 avril, à midi. Les sœurs donnèrent à leur établissement le nom d' « Institut Saint-Joseph ». Les braves Canadiens voulurent ajouter à l'ampleur de ce titre; ils l'appelèrent : l' « Abbaye ».

A une distance un peu plus longue de Saint-Louis, Mgr Rosati emmena un deuxième groupe de sœurs et la maison de Karondelet fut fondée. Sœur Fébronie et sœur Delphine furent nommées supérieures, la première de Cahokia, la seconde de Karondelet.

Presque aussitôt, de bonnes vocations se présentèrent et l'on créa un noviciat qui fournit des recrues pour des fondations nouvelles. Mère Delphine quittait Karondelet en 1840 et s'en allait ouvrir une école à Saint-Louis. Plus tard, elle fondait Philadelphie, Hamilton et Toronto, où elle mourut du typhus, victime de son dévouement, le 7 février 1856. Par la suite, tous les établissements ci-dessus devinrent des maisons mères, avec leurs noviciats et leurs œuvres très florissantes.

Mère Saint-Jean-Fournier, l'une des deux sœurs qui s'occupaient des sourds-muets, fut longtemps la supérieure de Philadelphie. Une maladie dont elle mourut la retint des années au lit. Quand le mal lui laissait un peu de répit, elle employait son temps à broder un très beau rochet avec l'intention de l'offrir au Saint-Père. Elle mourut sans avoir réalisé ce rêve. Un ami de la communauté qui se rendait à

Rome emporta le rochet, accompagné d'une lettre qui motivait l'envoi.

Pie IX, à la lecture de cette lettre, prononça un fervent : *Requiescat in pace !* Puis, prenant sa plume, il écrivit sur la lettre de présentation :

« 23 novembre 1875. Que Dieu vous bénisse ainsi que vos travaux et qu'il accorde la paix à celle qui vous a quittées.

« Pie IX, *Pape.* »

Inutile d'ajouter que ce précieux document est pieusement conservé dans les *Archives* de la congrégation de Philadelphie, et qu'il passera comme un précieux héritage aux générations futures.

CHAPITRE VIII

L'Essor

Les fondations d'Amérique furent le couronnement du généralat de Mère Saint-Jean Fontbonne. La vénérable fondatrice sentait le poids des années peser sur ses épaules; dans sa prière incessante, elle demandait à Dieu une âme forte pour la seconder d'abord, puis bientôt pour la remplacer. Elle découvrit le trésor caché dans la supérieure de Mi-Carême, Mère du Sacré-Cœur, née Marguerite-Marie-Virginie Tézenas du Montcel.

Les titres de noblesse sont de peu d'importance pour les œuvres de Dieu; disons toutefois que Mère du Sacré-Cœur appartenait à l'une des plus anciennes familles du Forez; son bisaïeul était écuyer, conseiller du roi et capitaine châtelain de Roche-la-Molière et Firminy et, ce qui vaut mieux cent fois, c'est que, dans cette famille, la vertu et l'honneur étaient héréditaires.

La terre du Montcel, située à quatre kilomètres de Saint-Étienne, appartenait depuis des siècles à la famille Tézenas; durant la tourmente révolutionnaire, elle servait d'abri aux prêtres réfractaires. Sixième enfant d'une famille qui devait en compter neuf, Marguerite-Marie-Virginie naquit le 8 décembre 1795 et fut baptisée dans une chambre du Montcel, par un prêtre qui s'y cachait.

L'éducation de l'enfant se fit au foyer paternel. M. l'abbé Cognet, plus tard grand pénitencier à la primatiale de Lyon, était le précepteur des fils Tézenas; il accepta de diriger en même temps les études de leurs sœurs. C'était un petit collège familial plein d'émulation et d'entrain.

Depuis sa première communion, Marguerite-Marie-Virginie portait dans son cœur l'attrait de la vie religieuse, mais elle ignorait vers quelle congrégation la poussait cet attrait. M. Piron, curé de sa paroisse, la dirigea du côté de Mi-Carême. Cette communauté qui s'occupait de l'éducation des jeunes filles de Saint-Étienne devait trouver une aide précieuse dans Mlle Tézenas; nulle mieux qu'elle n'était capable d'élever la culture sans nuire aux habitudes de piété, de modestie et de simplicité qui font la parure et la gloire de Saint-Joseph.

Les parents donnèrent avec peine leur consentement, mais ils étaient trop chrétiens pour le refuser. Le 2 novembre 1821, Mlle Tézenas entrait comme postulante à Mi-Carême. Elle revêtit l'habit religieux le 29 janvire 1822 et reçut le nom de sœur du Sacré-Cœur de Jésus. Le 2 décembre 1823, elle se liait à Dieu par les vœux perpétuels.

Le jour de sa profession, une de ses sœurs, Mlle Victorine du Montcel vint la rejoindre à Mi-Carême; elle aussi voulait être fille de Saint-Joseph. Elle passa toute sa vie religieuse dans cette communauté, sous le nom de sœur Saint-François.

Mère du Sacré-Cœur, d'abord maîtresse au pensionnat de Mi-Carême, révéla des aptitudes spéciales pour inspirer aux élèves le goût de la vertu; de sorte qu'on n'hésita pas, peu de temps après sa profession, à la nommer maîtresse des novices.

Le noviciat de Mi-Carême avait reçu d'abondantes recrues des premières familles de Saint-Étienne; il fut l'objet de tous les soins de la jeune maîtresse; il suffisait d'ailleurs de la regarder pour savoir ce qu'on avait à faire.

Un jour, Mère Saint-Jean vint visiter la maison et sœur du Sacré-Cœur dut échanger son titre de maîtresse des novices contre celui de supérieure de la communauté. Dans cette charge encore, elle fut un exemple vivant, jusqu'au jour où dans une nouvelle visite, Mère Saint-Jean découvrit celle qu'elle cherchait pour lui transmettre sa charge.

Appelée à Lyon comme assistante, en 1838, elle fut élue supérieure générale en 1840. Mère Saint-Jean qui avait donné sa démission, passa les trois dernières années de sa vie dans une humilité admirable. Elle mourut en odeur de sainteté, le 22 novembre 1843, à l'âge de quatre-vingt-quatre ans huit mois, emportant les regrets et l'affection de tous les membres de l'institut.

Mère du Sacré-Cœur continua le travail d'unification commencé par sa devancière. Avec tact et prudence elle ramena à la discipline commune toutes les maisons de l'ordre, en faisant doucement disparaître certaines habitudes qui rompaient l'uniformité. Elle dut faire pour cela nombre de visites; on les appréhendait d'abord; on les désirait ensuite; sa nature ouverte et enjouée mettait tout le monde à l'aise.

Dans ces visites, Mère du Sacré-Cœur ne cessait de recommander aux sœurs le respect de l'autorité civile et religieuse, et la bonne entente avec les directeurs d'œuvres étrangères aux leurs. Elle insistait fortement sur ce point et n'admettait pas les rivalités de concurrence, peu dignes du caractère religieux.

L'instruction fut immédiatement l'objet de sa sollicitude. L'instruction religieuse d'abord; l'enseignement du catéchisme qui doit primer tout autre enseignement, la formation du cœur et de l'âme des enfants important plus que tout le reste.

Mais les religieuses ayant à donner l'instruction en même temps que l'éducation, elle voulait des maîtresses instruites. M. Grange, qui avait remplacé M. Cholleton comme vicaire général et supérieur de la congrégation, lui fut en cela d'un grand secours. Travaillant de concert, ils surent imprimer un bel essor aux études et un solide fondement à l'esprit religieux. Le noviciat fut prolongé de dix mois pour fortifier l'un et l'autre. Des programmes furent rédigés, chaque maison de l'Institut dut ajouter à sa bibliothèque religieuse, une bibliothèque instructive et les sœurs, envoyées dans ces maisons, furent tenues de travailler et d'augmenter leur savoir. Quand, au bout de deux ans, elles revenaient à la maison mère pour prononcer leurs vœux, elles devaient, avant leur profession, subir un examen qui sanctionnait leur travail. Les devoirs faits, durant ces deux années, étaient corrigés et annotés, puis commençait l'examen. M. Grange et les maîtresses interrogeaient et n'admettaient pas que les novices se contentassent de maintenir leur savoir, la loi du progrès s'imposant à quiconque comprend son devoir et veut l'accomplir.

Ces sages mesures permirent à la congrégation de Saint-Joseph d'accepter la proposition qui lui fut faite en 1844, par la ville de Lyon, de créer, à la maison mère, une École Normale d'institutrices laïques pour le département du Rhône. L'école s'ouvrit en 1845. Aussitôt, Saint-Étienne demanda que ses boursières y fussent admises. Très peu d'établissements préparaient alors aux brevets, cette ville en était dépourvue. La maison mère eut donc la direction de l'École Normale du Rhône et de la Loire. C'était la première École Normale fondée dans ces départements.

Mère du Sacré-Cœur avait compris tout de suite le bien qui pouvait résulter d'une telle création. Former des institutrices, c'est former des multiplicateurs. A chaque élève, on donne ce qu'on a et toujours un peu moins qu'on ne possède. Si les principes d'honnêteté, de justice, de respect de Dieu, de soi-même et des autres sont faibles; s'ils ne sont soutenus par rien, que voulez-vous qu'on donne? Que voulez-vous qu'on verse dans ces âmes ouvertes comme des vases en attente, on n'a pas même assez pour soi. Mais si ces principes sont forts, s'ils sont entrés profonds dans l'âme, si le maître se les ait assimilés au point de les transformer en sa propre substance, si ce maître s'appuie sur la force et la sainteté de Dieu, voyez alors ce qu'il donnera en se donnant.

L'honnêteté, la justice, le respect de tout ce qui est respectable s'échapperont de lui, sans même qu'il y pense. Le maître est un contagieux, on ne l'approche pas impunément.

L'École Normale comprenait des élèves boursières et des élèves libres. Les demandes de bourses s'adressaient à la Directrice de l'École qui proposait les sujets. Certaines demandes venaient de jeunes filles nées dans des départements autres que le Rhône et la Loire. La Directrice demande : « Peuvent-elles espérer une bourse? » Voici la réponse :

UNIVERSITÉ DE FRANCE
ACADÉMIE DE LYON.

8 avril 1845.

« MADAME LA SUPÉRIEURE GÉNÉRALE,

« M. le Préfet a pris connaissance de la lettre que je lui avais écrite le 29 mars dernier au sujet de l'admission des élèves boursières à l'École Normale des institutrices laïques de Lyon.

« Il vient de m'informer qu'il n'est pas nécessaire que les postulantes soient nées dans le département du Rhône; mais qu'elles doivent prendre l'engagement d'y servir pendant dix ans dans l'enseignement primaire et remplir d'ailleurs les conditions prescrites par le règlement du 28 mai 1844.

« Recevez, Madame la Supérieure Générale, l'assurance de ma considération très distinguée.

« *Le Recteur de l'Académie,*

« P. LORAIN. »

L'École fonctionne déjà depuis longtemps; on prend goût aux études; les sujets se présentent nombreux. La lettre suivante nous apprend que l'admission sera plus difficile.

« Lyon, 21 juillet 1854.

« Madame la Directrice,

« Je vous remercie des documents que vous m'adressez, à la date du 20 de ce mois, concernant les aspirantes à l'École Normale. L'abondance des sujets qui se présentent donnera, à la Commission d'examen préparatoire que nous avons formée pour juger des aspirantes, la facilité du choix et du bon choix. Si c'est fâcheux pour les individus, c'est très avantageux pour l'École elle-même.

« Nous aurons à examiner ensemble et avec M. le Préfet, si l'on ne pourrait pas diviser les bourses.

« Agréez, Madame, l'assurance de ma considération la plus distinguée.

« Le Recteur de l'Académie du Rhône,

« VINCENT. »

Jusqu'à ce jour, la durée des cours, à l'École Normale, n'était que de deux années. La Directrice trouve maintenant ce temps insuffisant ; pour pousser plus loin les études, il faut un temps plus long. Elle communique ses vues à l'Académie ; l'Académie répond :

« Lyon, 9 août 1855.

« Madame la Supérieure Générale,

« M. l'Inspecteur général Magin a fait part à M. le Ministre de l'Instruction publique et des Cultes du vœu que vous avez exprimé de voir porter de deux à trois ans le cours des études de l'École Normale confiée à votre haute direction.

« Avant de donner, s'il y a lieu, son assentiment à votre demande, son Excellence désire être éclairée sur les avantages de cette mesure. Veuillez, je vous prie, Madame la Supérieure Générale, me mettre en position de répondre au désir du Ministre et m'indiquer les motifs qui semblent, à vos yeux, devoir assurer la réalisation d'un vœu conçu dans l'intérêt de la prospérité des écoles.

« Veuillez agréer, Madame la Supérieure Générale, l'hommage de mon profond respect.

« VIVIEN,

« *Inspecteur d'Académie.* »

Les raisons données furent jugées bonnes, les cours comptèrent désormais trois années.

Cette fois, c'est à propos de la tenue des élèves que l'Inspecteur écrit :

« Madame la Supérieure Générale,

« Il résulte de l'Inspection Générale, 1854-1855, que la tenue adoptée dans l'École Normale d'Institutrices de Lyon, placée sous votre haute direction est simple et modeste, et que tout s'y trouve en parfaite harmonie avec le but assigné à cet établissement.

« Je suis chargé, Madame la Supérieure Générale, de vous faire parvenir l'expression de la satisfaction particulière de Son Excellence le Ministre de l'Instruction publique.

« En m'acquittant de cette mission, avec autant de bonheur que d'empressement, je ne puis m'empêcher de féliciter en mon nom, les dignes et pieuses maîtresses auxquelles votre sollicitude, Madame la Supérieure Générale, a confié le soin de cette École, d'un résultat si justement apprécié de l'autorité supérieure et non moins dû à votre vigilance maternelle qu'à leur zèle et à leurs excellentes leçons.

« Veuillez agréer, Madame la Supérieure Générale, l'hommage de mon profond respect.

« VIVIEN,

« *Inspecteur d'Académie.* »

Les rapports les plus courtois existaient entre l'Académie

et la Direction de l'École; citons-en comme preuve une lettre prise parmi beaucoup d'autres :

« Lyon, 6 février 1856.

« Madame la Directrice,

« Agréez que je m'adresse à votre obligeance pour faire parvenir à Mlle P., ancienne élève de l'École Normale, l'arrêté de sa nomination en qualité d'Institutrice communale à C. Il sera d'ailleurs bien qu'elle tienne de la main des doctes et pieuses maîtresses auxquelles elle est redevable de son instruction un titre qui en est à la fois le témoignage officiel et la récompense.

« Veuillez agréer, etc.

« VIVIEN,

« *Inspecteur d'Académie.* »

Bornons là nos citations; elles suffisent pour donner une idée de la marche de l'École. La révolution de 1848 l'interrompit quelques jours et mit en très grand péril les établissements de Lyon et de Saint-Étienne. Des bandes d'insurgés envahirent les communautés de la Croix-Rousse. Dans les Providences de Saint-Bruno, de Mme Mercier, du Passage de l'Enfance, on livra aux flammes les métiers et les étoffes de soie, ouvrage et gagne-pain des pauvres orphelines.

La maison mère eut son tour; deux fois dans la même journée elle se voyait assaillie. Le matin tout fut assez calme; mais le soir des coups redoublés firent retentir le grand portail. Une foule grouillante emplissait la rue. « Ouvrez! » criaient les uns pendant que les autres hurlaient des chants révolutionnaires ou vociféraient des menaces. A peine les portes eurent-elles roulé sur leurs gonds, qu'ils se précipitèrent, armés de fusils et de torches allumées, à travers les couloirs. « Où sont les métiers? » criaient-ils. Ne trouvant pas de métiers, ils finirent par se retirer, laissant pour adieu ces paroles : « A demain matin ; cette fois on mettra le feu. » La nuit se passa en prière. Le crime ne fut pas commis.

Les maisons de Saint-Étienne et des environs furent moins épargnées encore. De la Providence de Sainte-Marie, du Refuge, du Pieux Secours, après le pillage et l'incendie, il ne resta que les quatre murs. Heureusement ces folles violences durèrent peu.

Les postulantes et les élèves qu'on avait, par prudence, rendues à leurs familles, ne tardèrent pas à rentrer. Le travail reprit son cours ; on admit même en septembre quelques postulantes à la vêture ; mais il n'y eut, cette année-là, ni retraite générale, ni profession religieuse.

En 1849, nouvelle alerte ; le canon tonne, les balles sifflent, les barricades se dressent jusqu'aux portes de la maison mère. C'est une émeute à la Croix-Rousse ; il y a des morts et des blessés. A Saint-Joseph, on improvise une ambulance, on prépare la charpie et les bandes, on donne des soins à ceux qui souffrent. Au bout de quelques jours, le prince Louis-Napoléon est Président de la République ; les blessés sont transportés à l'hôpital et le calme renaît dans la maison.

Cette maison, elle s'était agrandie durant ces dernières années. Les sujets arrivant de toutes parts, il fallait de l'espace. Beaucoup s'émurent, quand on parla de construire ; l'entreprise paraissait téméraire. Mère du Sacré-Cœur qui avait lumière et grâce, alla quand même et fit jeter les fondements d'un nouveau noviciat en 1842. C'est le grand bâtiment actuel de la maison mère.

Mais la famille allait toujours croissant ; postulantes et élèves étaient de plus en plus nombreuses et un pensionnat s'était ouvert, en 1853, à côté de l'École Normale. Il fallait encore construire. Nouvelles craintes de ceux qui n'étaient que prudents. Mère du Sacré-Cœur qui était tout à la fois : prudente, confiante et éclairée, acheta encore un clos et puis un autre clos, et la maison dont l'ampleur avait jadis

PENSIONNAT DE JEUNES FILLES — COMMUNAUTÉ DES SŒURS DE SAINT-JOSEPH DE LYON
A JACKMAN (U. S. A.)
LE PENSIONNAT DE GARÇONS DIRIGÉ PAR LES MÊMES RELIGIEUSES FAIT PENDANT
AU PENSIONNAT DE JEUNES FILLES

paru exagérée à quelques-uns, s'augmenta, en 1858, des bâtiments qui relient à gauche et à droite, le noviciat à l'école. On eut en plus, de vastes dortoirs, la cuisine, le lavoir, la pharmacie, la boulangerie et d'autres dépendances.

A Vernaison aussi l'immeuble était devenu insuffisant. Un appel fait à la congrégation fut entendu; le jardin put s'agrandir d'un bel enclos et les bâtiments bénéficier de réparations importantes. D'autres acquisitions et agrandissements furent faits par les supérieures générales qui se succédèrent, jusqu'à ce qu'un vaste édifice et une superbe chapelle vinrent enfin compléter la « Maison de Retraite ».

Mieux que cela, à la maison mère, les sœurs ont besoin de se détendre et la jeunesse ne peut pas toujours faire de longues promenades; donc une campagne est nécessaire. Le grand séminaire, qui vient de quitter la colline des Chartreux pour celle de Fourvières, veut vendre la sienne. Mère du Sacré-Cœur l'achète et son âme toute bonne, tout aimante, tressaille d'aise en pensant que désormais tout le monde pourra aller s'y reposer et respirer l'air pur qui descend du mont Cindre.

Mais l'œuvre par excellence de ce généralat fut l'érection de la chapelle. La mort de Mme Tézenas du Montcel, ayant mis Mère du Sacré-Cœur en possession de sa fortune, elle résolut aussitôt de remplacer la chapelle provisoire, construite sous Mère Saint-Jean, par le beau sanctuaire que la maison mère a le bonheur de posséder aujourd'hui.

« Jusqu'à présent, dit-elle à M. Bresson, l'architecte, j'ai voulu la simplicité pour notre maison, mais pour la chapelle qui est l'habitation de Dieu, il n'y aura rien de trop beau. »

Et M. Bresson fit beau. Sublet fit beau aussi ; les peintures de l'abside dues à l'habile pinceau de ce dernier sont, tout à la fois, une admirable synthèse des deux Testaments, une magistrale leçon de liturgie et un émouvant symbole du but de l'Institut et de son histoire.

Dès que son regard se lève, la religieuse a devant elle le

Christ en croix. L'image de cette adorable Victime, dépassant de beaucoup la grandeur naturelle, est impressionnante. Au-dessus, le Père éternel, majestueux et bon, étend les bras sur son Fils. Au sommet de la croix, entre le Père et le Fils dont il procède, l'Esprit d'Amour, sous l'emblème de la colombe. En face de ce tableau, d'inspiration céleste, la religieuse se rappelle que chacun des actes de sa vie doit être une louange et une gloire pour la Trinité incréée.

Au-dessous, la trinité créée, Jésus, Marie, Joseph, dans les différents mystères de leur sublime existence, s'offrent comme modèle d'adoration et de louange.

En bas, à l'une des extrémités du dernier plan, saint François de Sales, deuxième patron de l'Institut et qui en est bien aussi un peu le père, tient, dans la main gauche, un livre, tandis qu'il montre le ciel de la main droite. Si la religieuse sait voir et comprendre, le saint lui dit : « La Règle! La Règle! C'est en l'accomplissant que tu glorifieras les trois augustes Personnes. C'est en l'accomplissant que tu parviendras au séjour des Élus. »

A l'autre extrémité de ce dernier plan, la grande sainte Thérèse, en habit de chœur, touche des pieds la terre, mais son regard est plongé dans le ciel. Et la religieuse qui la contemple se rappelle que, dans le passé, l'Institut dont elle fait partie a pris naissance le 15 octobre, jour où l'Église fête la grande contemplative. Elle se rappelle que son Institut est contemplatif en même temps qu'actif, et que l'action ne doit pas nuire à la prière. Elle se rappelle que si les pieds et les mains de la sœur de Saint-Joseph sont au service de l'Humanité, son cœur, lui, est à Dieu qui seul inspire le véritable amour des hommes; l'amour qui se donne, même quand il ne reçoit rien.

Les peintures des chapelles latérales sont l'œuvre de Tyr; elles représentent, l'une l'*Annonciation*, l'autre la *Mort de saint Joseph*.

Sublimes sous le rapport dogmatique, expressives, délicates et finies, sous le rapport de l'art, tout s'harmonise admirablement dans ces peintures. Cette chapelle, avec ses trois nefs et ses tribunes, est un véritable monument d'architecture romane; on a dit avec raison : « C'est un bijou de l'art. »

Le cardinal de Bonald en avait béni la première pierre en 1853; on y célébra la messe pour la première fois la nuit de Noël en 1856.

En 1864, Pie IX, par un bref du 9 avril, érigeait canoniquement, dans cette chapelle, la Confrérie de Saint-Joseph, patron de la bonne mort. En 1875, ce même pape accordait une indulgence plénière, une fois par mois, à toutes les personnes faisant partie de la confrérie qui visiterait cette chapelle en priant aux intentions du Souverain Pontife.

Pour faire partie de la confrérie, il suffit de faire inscrire son nom sur le registre de la maison mère, rue des Chartreux, 20, à Lyon et de réciter une fois par jour : « Saint Joseph protégez-nous, maintenant et à l'heure de notre mort. »

**

En même temps que le noviciat, la maison de retraite, la chapelle se construisaient, d'autres maisons se créaient; Mère du Sacré-Cœur en a fondé plus de cent vingt; on peut donc dire qu'elle avait bien et beaucoup travaillé. Dieu trouva que c'était suffisant et qu'elle méritait repos et récompense. Celui qui l'avait appelée au matin de sa vie, l'appela de nouveau vers le soir : *Veni, sponsa Christi!* « Viens, épouse du Christ, viens recevoir la couronne que le Seigneur t'a préparée. » Et l'épouse partit. Et ses filles restèrent dans le deuil. C'était le 19 mars 1867.

L'évêque de Nîmes, Mgr Plantier, qui avait été dix-sept ans aumônier à la maison mère, écrivait en apprenant cette mort :

« Elle a quadruplé le personnel du noviciat. Par elle, les

sœurs de Saint-Joseph ont pris un degré de culture plus en rapport qu'autrefois avec les exigences du temps, sans perdre ces habitudes de modestie et de simplicité qui faisaient le caractère distinctif et la gloire principale des premières générations de l'Institut. »

Toute la lettre de Mgr Plantier est un magnifique éloge de la Mère vénérée; si nous citons ces lignes de préférence au reste, c'est qu'elles nous fournissent l'occasion de faire remarquer que, sous le généralat de Mère du Sacré-Cœur, les sœurs de Saint-Joseph ont beaucoup gagné et qu'elles n'ont rien perdu. Elles sont toujours les vraies filles du P. Médaille, toutes petites, toutes modestes, toutes simples. Cette belle et rare parure, elles ont su la conserver.

CHAPITRE IX

Jours sombres

Les supérieures générales qui se succédèrent de 1867 à 1914 continuèrent l'œuvre si bien commencée par leurs deux devancières; mais la plupart eurent des jours très sombres à traverser.

En 1870, sous Mère Marie-Louise Muguet, la congrégation et la maison mère en particulier reçoivent le contre-coup des tristes événements qui désolent la France. Le noviciat est dispersé; les élèves sont rendues à leurs familles; plusieurs centaines de gardes-mobiles sont casernés dans la maison; les charges augmentent et les ressources diminuent.

Mère Alphonse de Liguori Gibert ne fait que passer. Élue supérieure générale le 31 août 1875, elle meurt le 26 mars 1876, au grand regret de toute la congrégation.

Sous Mère Louis-Stanislas Épitalon et sous Mère Émilie Blaffard l'administration est laborieuse, les temps deviennent difficiles, les grandes tristesses approchent.

En 1880, c'est la laïcisation qui enlève l'École Normale à la maison mère et nombre d'écoles publiques à l'Institut. Puis, ce sont les lois fiscales qui deviennent onéreuses. Les religieux payaient déjà : l'impôt foncier, l'impôt personnel et mobilier, l'impôt des portes et fenêtres, l'impôt des patentes, l'impôt spécial de mainmorte, et voilà qu'on y ajoute l'impôt Brisson et la taxe d'abonnement.

La loi du 16 juin 1881 supprime la lettre d'obédience

c'est-à-dire le diplôme de capacité à l'enseignement donné par les supérieurs à leurs sujets. Celle de 1882 remplace la morale religieuse par la morale civique; l'enseignement du catéchisme est interdit dans le local scolaire. On enlève les Christs dans les écoles et dans les hôpitaux. On impose des manuels condamnés par l'Église.

Mère Aloysia Berthet voit grossir les nuages; la foudre gronde; elle éclate. Le 12 septembre 1888, la supérieure générale des sœurs de Saint-Joseph paraît devant le Juge d'Instruction.

Sous Mère Henri-Xavier Arquillière, les odieuses lois d'exception sont promulguées. L'État avait dit : « Nous ne voulons plus de Lettres d'obédience; nous voulons des brevets. » Les congrégations avaient donné des brevets. Mais l'État n'était pas sincère; ce n'étaient pas les Lettres d'obédience qu'il ne voulait plus, c'étaient ceux dont le dévouement le gênait. On n'osait pas le dire ouvertement d'abord, mais l'audace grandit peu à peu, et les lois et les décrets les plus antifrançais tombèrent les uns sur les autres.

La loi de 1901 interdit l'enseignement à tout membre d'une Congrégation non autorisée.

Celle de 1904 l'interdit à tout membre d'une congrégation quelconque, autorisée ou non.

Elle dit cette loi, honte de notre code : « L'enseignement de tout ordre et de toute nature est interdit *en France* aux congrégations. »

Vous entendez : *en France!...* Dans le pays de la Justice, de la Liberté, de l'Égalité, de la Fraternité.

En France, la passion a pu dire : « Tous les établissements relevant d'une congrégation devront être supprimés dans le délai maximum de dix ans et les biens de la Congrégation seront liquidés. »

En France, on a osé jeter hors de chez elles des femmes de trente, quarante, cinquante, soixante ans et plus. *En France,* on a pu s'emparer des maisons qu'elles avaient édifiées par leur travail et par leurs sacrifices pour y recueillir des orphelins, des pauvres, des vieillards.

C'est à croire que la France avait trempé ses lèvres dans une coupe de mandragore et que tous les Français dormaient.

Pourtant non, ils ne dormaient pas tous!

Il ne dormait pas, M. Marquez, ancien maire de Montpeyroux, quand devant la tombe qui allait recevoir la dépouille mortelle de Mère Louis-Félix Mulaton, supérieure pendant vingt-sept ans du couvent de cette commune, il disait :

« Sa vie a été celle de toutes ces modestes sœurs de Saint-Joseph qui ont passé dans notre localité depuis près de soixante-dix ans, c'est-à-dire une vie de travail, de dévoûment en même temps qu'un exemple de vertu.

« Par sa situation, son intelligence et son savoir, Mme Mulaton aurait pu tenir un rang dans la société et prendre sa part des avantages du monde ; elle a préféré, dès sa vingtième année, n'écoutant que son ardente foi, se consacrer entièrement à l'instruction et à l'éducation des jeunes filles. Avec quel zèle, quel dévouement et quelle douceur, elle remplissait ses fonctions d'éducatrice !

« Vous qui l'avez vue à l'œuvre pendant de si longues années, vous pouvez le dire mieux que moi encore. Aussi combien ont été grandes vos inquiétudes et l'inquiétude générale, quand on a appris que Madame la Supérieure était mortellement atteinte ! Tout le monde a compati aux souffrances physiques et morales de la chère malade. Et comment n'aurait-elle pas souffert, quand elle a vu qu'il lui fallait abandonner (à soixante-douze ans), ce couvent si prospère, sa joie et sa consolation, comme aussi l'honneur et la gloire de la commune ; abandonner ses élèves qu'elle aimait tant et ses sœurs qui la secondaient si bien dans son œuvre ?

« Comment n'aurait-elle pas souffert quand elle a été

contrainte de voir, à son chevet de mourante, un de ces représentants de l'autorité qu'on n'envoie généralement qu'au domicile des malfaiteurs. Oui, j'avais l'honneur d'être auprès d'elle *quand un gendarme est venu faire une enquête pour savoir si cette agonisante jouait ou non la comédie.* J'ai entendu cette pauvre martyre essayer d'exprimer, par des phrases entrecoupées, les souffrances qu'elle endurait et demander comme une grâce qu'on la laissât mourir en paix. J'ai hâte d'ajouter que, comprenant le rôle odieux qu'on lui faisait jouer, le gendarme ne demanda qu'à se retirer le plus vite possible. »

Mère Louis-Félix mourut le 20 février 1904 et c'est ce douloureux souvenir qu'elle emporta dans la tombe.

Que d'autres scènes attendrissantes et écœurantes nous aurions à raconter! Mais elles sont si tristes, si peu glorieuses pour notre douce France qu'il vaut mieux ne pas les faire revivre. Disons toutefois que les religieuses de Saint-Joseph gardent mémoire de nombreux et touchants dévouements. Elles savent bien que, dans ces heures tragiques, les Français ne dormaient pas tous et elles veulent croire que les autres se réveilleront. Pour un peuple au sang chaud, aux sursauts subits et généreux, un sommeil de près de trente années est plus que suffisant.

En vérité comment expliquer ce bannissement des congréganistes? L'éducation est une œuvre de dévouement, or ce n'est pas seulement avec l'intelligence, ce n'est même pas seulement avec la conscience que les œuvres de dévouement s'opèrent, c'est surtout avec le cœur. La conscience dit : « Ton devoir vient jusque-là. » Le cœur ajoute : « Va plus loin. » Et il faut souvent aller plus loin pour former une âme et la faire vraiment bonne. Les œuvres de dévouement réclament plus que la justice; elles veulent l'amour.

Il n'est pas besoin de réfléchir beaucoup pour se rendre compte qu'une religieuse est plus complètement à ses élèves qu'une jeune fille qui prépare son mariage, ou une mère qui entend les cris de son enfant. Nous ne voulons diminuer ni l'une ni l'autre, nous disons seulement qu'il est impossible que le cœur de la jeune fille et le cœur de la mère soient tout entier à leurs élèves.

Sans peser toutes ces choses, la passion opérait ses ravages. Comme sous Denys le Tyran, on épiait, on poursuivait, on condamnait, on expulsait. Mère Henri-Xavier, la supérieure générale de cette triste époque, vit arriver, en un même jour, plusieurs centaines de sœurs qui avaient à leur actif toute une vie de dévouement, d'abnégation, de vertu; mais qui n'avaient plus de toit, plus de pain, plus de travail. On ferma écoles et maisons, et l'on chargea des liquidateurs de vendre des biens dont on n'était pas propriétaire. C'est à n'y pas croire, tant c'est inique.

En telle occurrence que fallait-il faire? Fallait-il sacrifier les écoles chrétiennes? Il semblait bien que non. Fallait-il sacrifier la vie religieuse à ces écoles? Moins encore semblait-il. Le pape consulté répondit :

« Ce que nous ne voulons absolument pas, c'est que parmi les Instituts semblables au vôtre qui ont pour but l'éducation des enfants, s'introduise l'opinion que nous savons être en train de se répandre et d'après laquelle vous devriez faire à l'éducation des enfants la première place et à la profession religieuse seulement la seconde, sous prétexte que l'esprit et les nécessités des temps le veulent ainsi. Sans doute, il faut autant qu'on peut apporter remède aux maux dont souffre la société et, par suite, céder en plusieurs choses aux besoins des circonstances actuelles, mais sans descendre cependant jusqu'à porter atteinte en quoi que ce soit à la dignité des Institutions vénérables, ce qui serait du même coup porter atteinte au patrimoine sacré de la doctrine elle-même. C'est pourquoi en ce qui vous concerne, qu'il soit bien établi que la vie religieuse est de beaucoup supérieure à la vie commune des fidèles et que, si vous êtes grandement tenus envers le prochain par le devoir d'enseigner, bien plus forts sont les liens qui vous rattachent à Dieu [1]. »

C'était une directive. Pour conserver les écoles, on ferait des sécularisations. Mais pour conserver la vie religieuse, on ne séculariserait pas tout le monde, et celles qui éprouveraient une répugnance trop grande à rentrer dans la vie commune auraient le droit de refuser.

Des chrétiennes dévouées se joignirent aux religieuses qui acceptèrent le sacrifice et l'on sauva tout ce qu'on put d'écoles.

A la maison mère, outre l'École Normale et un cours d'adultes de plus de deux cents élèves qui avaient déjà été fermés, il existait encore un pensionnat et un externat payant.

Le pensionnat fut transporté rue de l'Orangerie. Aujourd'hui, c'est une ancienne élève, Mlle G., qui en est la Directrice.

Quant à l'externat, il fut transféré, avec son mobilier, au patronage de M. l'abbé Martin, en face de la maison mère. Une ancienne élève encore, Mlle R., en prit la direction ; d'autres anciennes élèves et des religieuses sécularisées se joignirent à elle, et l'externat Saint-Joseph devint l'externat Saint-Bruno. Aujourd'hui, il compte près de quatre cents élèves qui se préparent à tous les diplômes primaires et secondaires.

Disons aussi que la congrégation garde le souvenir de bien touchantes sympathies témoignées aux religieuses non sécularisées. Nombreuses sont les familles qui leur ouvrirent leurs portes et leurs cœurs, et qui les abritèrent sous leurs toits jusqu'au jour où leur vie put être orientée vers un autre champ d'action.

Mais depuis, c'est grande pitié au beau pays de France !... Qu'attend-on ? — La Justice !

1. Institut des Frères des Écoles chrétiennes. Circulaires administratives, n° 135, 29 juin 1905 et *Analecta eccl.*, p. 187, mai 1907.

CHAPITRE X

Le Nouveau Monde

L'année 1902 vit fermer quatre-vingts maisons. C'était
le prélude des hécatombes. Quatre-vingts maisons, cela suppose déjà un nombre de disponibilités. Il y avait des sœurs
de tous les âges qui devaient se refaire une vie, car enfin
la maison mère ne pouvait pas les abriter toutes, ne pouvait
pas surtout les occuper toutes. Ce n'est pas qu'il y ait eu,
même alors, surabondance de religieuses; il n'y en a jamais
eu assez; à aucune époque, quel qu'en ait été le nombre,
il n'a jamais suffi aux demandes; mais, en ces heures de
désarroi, la perplexité était grande. Ah! ces angoisses de l'incertitude du lendemain, il faut les avoir vécues pour connaître
ce qu'elles ont de terrible. Les sœurs de Saint-Joseph les
connaissent, mais elles connaissent aussi la sollicitude de
Dieu pour les siens.

Dieu, le monde est à lui; une fois de plus, il saura le prouver. Des maisons de Saint-Joseph sont fermées en France,
Dieu leur en ouvrira sous tous les climats et sous toutes
les latitudes. Suivant les circonstances, les unes auront de
l'avenir, les autres n'en auront pas, mais toutes seront néan-
moins l'asile ouvert par la Providence et leur champ momen-
tané d'apostolat.

Nous que cette grande famille religieuse intéresse, survo-
lant mers et montagnes, suivons celles que la persécution
exile.

Au Mexique. — Le 13 novembre 1902, Mère Marie-Flavie Arnaud, alors maîtresse d'Études au noviciat, aujourd'hui supérieure générale, disait à Mère Henri-Xavier.

« Ma Révérende Mère, puisqu'on ne veut plus de nous en France, allons au Mexique.

— Très bien, répondit celle-ci, mais il faut d'abord savoir si nous pourrons y vivre. Cherchez des relations, je vous y autorise, nous verrons ensuite. »

Le soir même, Mère Marie-Flavie commençait ses recherches. Elles aboutirent au câblogramme suivant expédié de Mexico : « Venez vite ! » C'était le 1er septembre 1903.

Le 18 du même mois, cinq religieuses partaient pour le Mexique. D'autres suivirent. Il en sera toujours ainsi ; elles partiront peu nombreuses ; à peine seront-elles installées qu'on en réclamera d'autres.

Bientôt les sœurs de Saint-Joseph eurent à Mexico deux établissements importants ; plus tard elles se dirigèrent vers Orizaba, puis vers Guadalajara. C'était le commencement de la dispersion ; ce n'était pas la fin des souffrances, mais de cela nous dirons peu de chose. Leurs souffrances, le bon Dieu les compte, il les pèse, il s'en souvient, quant aux religieuses, elles ne les confient guère qu'à Lui, elles ont leur jardin fermé d'où s'échappent leurs cantiques d'action de grâces : souffrir pour Dieu n'est déjà plus souffrir.

Depuis 1903, les sœurs de Saint-Joseph ont fait beaucoup de bien au Mexique ; je crois qu'elles en font encore, mais les tristesses actuelles de ce pays ne permettent guère d'en parler. Partout, on le sait, le peuple est un enfant, mais au Mexique, plus qu'ailleurs, c'est un enfant terrible. Ce pays est dans le creuset où l'or s'épure. L'épiscopat et le clergé sont admirables ; ils ne reculent devant aucun sacrifice pour rester fidèles. L'intérieur du Mexique est le théâtre d'une résistance superbe. L'esprit de sacrifice et le sang des martyrs y sont une semence de vaillants. Le meilleur de la société a séjourné en prison pour la foi.

Dans les maisons de Saint-Joseph, ce serait la bonne vie d'autrefois, si l'on pouvait agir librement, mais la prudence et l'incertitude de l'heure qui va suivre créent une atmosphère de plomb. On y fait de bonnes choses quand même; les classes sont pleines d'enfants et d'excellentes enfants; l'année 1926 marque l'apogée du nombre; elles ont dû serrer, serrer. Des sacrifices terribles leur ont été imposés, mais elles ne reculent pas devant cela. La colonie française, les Mexicains, les anciennes élèves sont parfaits pour les sœurs. Au-dessus d'eux plane la bienfaisante influence de M. Perrier, ministre plénipotentiaire et de M. Lagarde, son Chargé d'Affaires de France. Après Dieu, c'est à eux que les collèges français doivent leur salut. Les sœurs de Saint-Joseph sont entourées d'épaves; espérons toutefois qu'enfermées dans l'arche, elles échapperont au déluge.

Canada. — Mgr Pascal, vicaire apostolique de la Saskatchewan, vaste territoire du Dominion canadien, était à la recherche d'une congrégation pour les œuvres scolaires de son Vicariat. Se trouvant en France, en 1905, il vint à la maison mère et la fondation de l'Ile à la Crosse fut conclue. La Saskatchewan, située vers le nord-ouest du Dominion, est un pays de plateaux, de prairies, de forêts et de lacs qui se déversent dans les fleuves tributaires de la baie d'Hudson. C'est dans un de ces nombreux lacs que trône l'Ile à la Crosse.

Les sœurs étaient à Prince-Albert, capitale de la province, en août 1905. Le voyage de Prince-Albert à leur destination vaudrait cent fois d'être narré. L'espace nous manque. Laissons les voitures s'embourber, les sauvages Cris ramer, le bateau s'éventrer, les rapides les emporter, les aurores boréales les extasier. Disons seulement que, parties le 22 août, elles arrivaient le 29 à *Green Lake* (Lac-Vert) où le P. Lecorre [1], supérieur de la Mission de l'Ile à la Crosse,

1. De la Société des Oblats de Marie-Immaculée.

seul sous sa tente, les attendait depuis deux jours. Ensemble, ils s'embarquent sur un bateau à rames qui les emporte à l'autre extrémité du lac, long de vingt-quatre kilomètres. Là se trouve la Mission du Lac-Vert. Ils y arrivent affamés, à neuf heures du soir. Hélas! le P. Testou qui vit solitaire dans sa maison de planches, depuis trois jours n'a d'autre nourriture que des airelles. On devine que ses hôtes ne font pas bombance. Le poisson arrive le lendemain; on mange; on raccommode un peu, avant de repartir, les ornements de la pauvre église et l'on prie pour toutes les âmes que l'on est venu chercher si loin. Le P. Testou est là tout seul pour s'occuper de la Mission, de l'école, de sa cuisine, de tout. Il espère avoir des sœurs, quand il aura pu leur construire une maison; ce qui n'est guère possible avant deux ou trois ans.

Mais abrégeons, car il faut repartir... Après dix-sept jours de péripéties inénarrables, nos missionnaires se trouvaient en vue de l'Ile à la Crosse et les indigènes, massés sur la rive, saluaient leur arrivée par de nombreux coups de fusil.

Les sœurs se mirent immédiatement à l'œuvre. Elles avaient à former et instruire les enfants, à nourrir, à soigner et à raccommoder une soixantaine de personnes; à faire chanter, car le chant est un grand moyen d'apostolat, à accompagner des grand'messes, des saluts, à entretenir l'église et... à recevoir des visites.

Les sauvages de l'Ile à la Crosse sont tous catholiques; ils aiment leurs missionnaires et, comme ils n'ont point d'occupation en dehors de la chasse et de la pêche, les visites sont fréquentes. Heureusement le protocole n'est pas compliqué. Quand ils arrivent, les sœurs tendent la main à chacun d'eux, après quoi elles se retirent et vont à leur travail, les laissant seuls au parloir, où ils restent sans mot dire, jusqu'à ce que l'envie les prenne de s'en aller.

Rien n'est pour eux au-dessus de la France. Ils ont les Français en grande vénération et se font gloire de porter leurs noms. L'un d'eux qui s'appelait *Grandin*, en souvenir de l'évêque de ce nom, s'était construit un bateau avec les planches fournies par la mission; le bateau terminé, il fut peint en bleu, blanc, rouge, « les belles couleurs, » disait-il. Et il ajoutait : « Si nous sommes un brin moins sauvages, si nous connaissons notre religion, *c'est les Pères qui l'ont fait*; les Pères sont pas des Anglais, sont des Français. Et vous autres! »

L'hiver, l'Ile est perdue dans la neige et dans la glace; on reste trois mois sans courrier. L'été, les missionnaires usent d'un système de poste tout à fait primitif; jugez-en :

Les bateaux de la Compagnie Révillon et de la Baie d'Hudson passent à trois milles de l'Ile à la Crosse, mais s'arrêtent rarement. Quand les sœurs ont des lettres à envoyer, elles jettent ces lettres dans un sac imperméable, fermé par un cadenas dont elles ont la clé! Au Lac-Vert le P. Testou en a une semblable. Un Frère prend le sac, saute dans un canot, franchit les trois milles qui le séparent de la rivière, suspend le sac à un arbre et revient. Quand le bateau passe, il emporte le sac au Lac-Vert. Le P. Testou fait suivre. Pour les lettres à recevoir on use du même procédé : le bateau les apporte; les pose en passant sur la rive ou les suspend à un arbre et le premier qui passe les apporte. Si l'on ne manque pas le bateau, on peut avoir un courrier par mois; si on le manque, il faut attendre le mois suivant.

Jetez un coup d'œil sur la provision de poisson qu'on vient de faire à la rivière Dorée. Il y a là six mille six cents pièces, du poids de huit à dix livres chacune. C'est la provision d'hiver. Ne croyez pas qu'il y aura rien de reste; quand tout est sous la glace, le poisson est la nourriture exclusive de ces contrées et le couvent est presque un hôtel. Les sauvages viennent des bois rendre visite aux Pères, ou bien ils viennent les chercher pour qu'eux-mêmes visitent les tribus dispersées. La visite faite, ils les ramènent; c'est un va-et-vient continuel. Les Pères leur fournissent l'abri, aux sœurs de les nourrir et de préparer les provisions de route, à l'aller comme au retour. Il en faut, je vous assure! Et les chiens, on doit les nourrir aussi. Vingt gros chiens qui s'attellent aux traîneaux, quand les rivières sont gelées. Bêtes et gens, tout vit de poisson.

C'est une rude vie que celle des missionnaires de ces contrées; vie de fatigues, d'isolement, de sacrifices de tous noms. Le district de l'Ile à la Crosse s'étend sur une superficie presque égale à la moitié de la France, et ne compte guère que quinze cents Indiens qui s'éparpillent au gré de leur fantaisie sur tout ce territoire. Jugez des distances à parcourir pour atteindre toutes les âmes, visiter tous les petits camps, assister tous les moribonds. L'hiver, les voyages se font à pied ou en traîneau à chiens; on couche dehors par une température de 30 à 45° au-dessous de zéro. Au printemps, il arrive que souvent le traîneau se change en baignoire et le rhumatisme ankylose l'apôtre. L'été, c'est en canot que se font les voyages, et les moustiques qui sont légions vous dévorent. Ces enragées petites bêtes vous harcèlent jour et nuit; ni les moustiquaires, ni les fumées produites pour les éloigner, ne préservent de leur dard le pauvre Européen. Un jeune Père, plein d'ardeur et de zèle, arrivait dans ces régions, il y a quelques années. Persuadé que le meilleur moyen d'atteindre les âmes est de souffrir pour elles, il résolut de s'abandonner aux moustiques. Il ne savait pas ce que c'est... Après un jour de martyre, il dut se mettre au lit avec la fièvre et une tête énorme.

Les sauvages regardent les missionnaires comme leurs Pères; ils ont un grand esprit de foi, aussi dès qu'on leur parle de prière, leur visage prend une expression recueillie.

Le dimanche, ils se réunissent pour dire le chapelet et les prières qu'ils savent; ceux qui ne sont pas très éloignés de la Mission, s'y rendent aux grandes fêtes. Tous les ans, à la Trinité, a lieu une grande réunion. Quand ce jour est venu, on ne voit que canots et tentes; la barque reste au bord

COUVENT DES SŒURS DE SAINT-JOSEPH À SOUTH-BERWICK, MAINE, ÉTATS-UNIS (NOVICIAT)
LAFAYETTE OCCUPA UNE DES CHAMBRES DU PREMIER ÉTAGE EN 1824.
LE PENSIONNAT SE TROUVE DERRIÈRE ET L'EXTERNAT, LE PLUS BEAU DE LA RÉGION, EST A DROITE

du lac et chacun vient dresser près du couvent sa petite maison ambulante. Le soir, tout le monde est en pleine mission; pendant huit jours, on baptise, on marie, on fait faire la première communion, on tanse ceux qui ont donné de mauvais exemples, on les punit même publiquement. Du haut de la chaire, le Père lance des anathèmes. « Tous ceux qui ont contrevenu à telle prescription, sont mis hors de l'église pour tant de jours. » Si quelqu'un ne tient pas compte de la défense, ses voisins le somme en pleine église d'aller trouver le Père. Tous les soirs, on sonne le couvre-feu et chacun doit rentrer chez soi; les Pères font des rondes la nuit pour s'assurer que tout est en ordre.

Que le bon Dieu daigne aider tous ces vaillants missionnaires à faire un peu de bien à ces âmes de grands enfants qui leur coûtent si cher.

Sur ce vœu, quittons l'Ile à la Crosse où les sœurs resteront peu de temps et, franchissant les frontières du Canada, revenons aux États-Unis; à Jackman un nouvel essaim nous attend.

Jackman. — La Nouvelle Angleterre, située au nord-est des États-Unis, a formé six provinces. Le Maine, la plus au nord de ces provinces, confine au Canada et se divise en seize comtés. Jackman se trouve dans l'un de ces comtés, le Somerset.

Depuis 1906, les sœurs de Saint-Joseph occupent, à Jackman, un couvent qui réunit à la fois et le confort et l'élégance et que domine de superbes sapinières.

Lorsque, à une heure du matin, le 14 septembre, les sœurs atteignirent ce délicieux coin de terre, le ciel était plein d'étoiles et les sapins parfumaient l'air, mais le froid faisait claquer les dents et la respiration manquait.

Il y avait alors quatorze ans que deux frères, MM. les abbés Joseph et Arthur Forest, l'un comme curé, l'autre comme vicaire, avaient jeté les premiers fondements de cette paroisse, humble parcelle du diocèse de Portland, aujourd'hui la joie et l'orgueil de son évêque. Le pays était donc tout neuf et les sœurs de Saint-Joseph étaient les premières religieuses de la région. M. le curé avait dit : « Je crois qu'en dotant la paroisse d'une institution de premier ordre, je ferai œuvre utile. » Et il avait construit un superbe couvent, avec tout le confort moderne; il l'avait meublé complètement : lits pour pensionnaires, ustensiles de cuisine, etc.; il prenait à sa charge tous les frais d'entretien. Bref! rien n'était négligé.

Les sœurs commencèrent l'œuvre avec cinq religieuses et trois cents élèves : Américains, Américaines-Irlandais, Irlandaises — Canadiens, Canadiennes — Catholiques et protestants. La communauté compte maintenant trente-trois religieuses; c'est dire l'extension qu'a pris cette jeune paroisse. La supérieure avait raison d'appeler Jackman *Hope Land* (Terre d'Espérance).

South-Berwick. — Sans sortir de la Nouvelle-Angleterre, ni de la province du Maine, passons du comté de Somerset dans le comté d'York; nous sommes à South-Berwick.

En septembre 1909, le Père Joseph Forest, curé de Jackman, suivait la retraite ecclésiastique de Portland. Son évêque, Mgr Walsh, lui demanda : « La Congrégation de Saint-Joseph n'aurait-elle pas de sujets libres pour de nouvelles fondations ? »

Le Père Joseph répondit que l'une des assistantes de la supérieure générale se trouvait précisément à Jackman, qu'on pourrait le lui demander.

Monseigneur désira voir l'assistante qui se rendit auprès de lui. La fondation que sa Grandeur désirait avant toutes les autres, était celle de South-Berwick. Le diocèse avait acheté là un hôtel et voulait en faire un couvent.

L'assistante se rendit à South-Berwick. Mgr O'brien, curé de la paroisse, prévenu par télégramme, l'attendait à l'arrivée du train. Il lui fit visiter le couvent, posa ses conditions et la vit s'éloigner en lui laissant l'espoir qu'une colonie de Saint-Joseph ne tarderait pas à fixer sa résidence en ce lieu.

En effet, le 9 décembre 1909, les sœurs arrivaient à South-Berwick.

Cette ville, située à douze milles de l'Océan, est un joli pays, d'environ quatre mille âmes; mille seulement sont catholiques. C'est une des premières colonies fondées par l'aristocratie anglaise, en 1628.

L'un des faits les plus mémorables de son histoire est la visite que lui fit le général Lafayette, cinquante ans après la guerre de l'Indépendance. Désirant revoir la partie de l'Amérique qu'il avait contribué à rendre libre, Lafayette vint à South-Berwick, pour y saluer une dame qu'il avait connue à Boston et qui lui avait rendu service pendant la guerre. L'hôtel où logea l'illustre Français est précisément la maison habitée par les sœurs; la chambre qu'il a occupée se trouve dans la partie affectée à la communauté.

Le couvent comptait donc plus de cent vingt ans, quand les sœurs y sont arrivées; on l'aurait dit neuf tant il avait été bien entretenu. Cette habitation, construite d'abord comme maison particulière, fut plus tard transformée en hôtel, destination qu'elle a conservée jusqu'à cette année, où le diocèse l'a achetée pour y installer l'école confiée aux religieuses Saint-Joseph qui ont là un large champ d'apostolat. Cet apostolat était très nécessaire à South-Berwick; de nombreuses petites âmes bien disposées attendaient l'instruction et la formation religieuse que personne ne leur donnait, le seul prêtre chargé de la paroissse ne pouvait consacrer que peu de temps à l'enseignement du catéchisme. Les parents, pour la plupart Canadiens-Français attirés dans les États par le travail des usines, ont été ravis de voir s'établir un couvent où l'on apprendrait le français et la religion à leurs enfants; aussi ils disent tous : « L'École Canadienne », comme si elle n'était que pour eux. L'anglais toutefois occupe dans le programme une place beaucoup plus grande que le français.

Les catholiques sont ici de vrais catholiques, des catholiques pratiquants qui se confessent et communient; ils aiment les sermons, les longs sermons, d'ailleurs c'est partout en Amérique; une heure, une heure et demie ne les lasse pas, au contraire.

Les vocations religieuses abondent parmi eux; c'est pourquoi un noviciat a été ouvert à South-Berwick; il a déjà fourni de bonnes et nombreuses recrues à Saint-Joseph, ce qui a permis d'ouvrir une troisième maison.

Avant de quitter ce pays vraiment féerique durant la belle saison, jetons un coup d'œil sur l'immense terrain qui se trouve derrière le couvent. Une partie est réservée pour le jardin des sœurs, mais voyez celle qui est mise à la disposition des enfants. Là, quand sonne la récréation, grands et petits s'en donnent à cœur joie, sans offenser le bon Dieu; ils mettent tant d'ardeur à leurs jeux qu'ils n'ont pas le temps de penser à mal faire.

Et maintenant, quittons le Nouveau Monde, il est temps de regarder du côté de l'Ancien.

CHAPITRE XI

Quand l'arrêt de fermeture fut signifié aux Communautés de la Corse, les écoles étaient partout prospères. A Bastia on voyait tout un peuple d'élèves. La seule maison d'Ajaccio en comptait treize à quatorze cents. Partout il y avait des classes pour les enfants du peuple, c'était la majorité; il y en avait pour les enfants des riches, toujours les moins nombreux. Quand le décret parut, les riches dirent : « Nos enfants suivront leurs maîtresses. » Les autres durent se contenter de les pleurer. Et ce fut la grande douleur des sœurs de Saint-Joseph : abandonner cette si intéressante portion de leurs élèves. Il fallait s'y résigner.

Pendant que leurs sœurs cherchaient asile dans le Nouveau Monde, les expulsées de la Corse regardaient du côté où le soleil se lève. Pour elles, l'Italie semblait tout indiquée. Se transporter d'un golfe dans un golfe, retrouver des palmiers en quittant les palmiers, contempler un ciel bleu en quittant le ciel bleu et ne pas s'éloigner de la nappe d'azur sur laquelle les yeux se posent par douce habitude, c'était s'exiler le moins possible. On chercha donc de ce côté, mais on cherchait sans trouver.

Pourtant le temps pressait. Sans ressources, sans toit, sans travail, que deviendraient, dans quelques semaines, toutes ces victimes du sectarisme, si l'on ne parvenait à découvrir un local où il leur serait possible de reprendre, dans des proportions restreintes, leur œuvre d'éducatrices?

Après des jours d'angoisses douloureuses, **deux immeubles** furent enfin découverts; l'un à Livourne, sur les côtes de Toscane; l'autre à Bordighera, au cap Sant'Ampeglio qui se lance très avant dans la mer, comme pour se faire admirer; il ne sait pourtant pas qu'il est beau. On décida que Bastia se transporterait à Livourne et qu'Ajaccio s'installerait à Bordighera.

Livourne. — La villa Clara n'était pas grande, mais elle était précédée d'une pelouse et d'un emplacement où les élèves pourraient s'ébattre; elle était située hors de la ville un peu loin de la route, ce qui n'était pas pour déplaire; il sembla donc qu'elle pourrait abriter le pensionnat de Bastia, au moins provisoirement. On la trouvait bien un peu trop luxueuse, son dallage paraissait trop beau pour des enfants dont les dégâts sont toujours à craindre, mais n'ayant pas le choix, on la prit.

L'approbation épiscopale était accordée; M. le curé de la paroisse Saint-André, qui allait être la leur, comptait d'avance sur les religieuses pour l'enseignement du catéchisme; les bons catholiques bénissaient le Seigneur de l'arrivée des sœurs qui s'occuperaient de la jeunesse trop délaissée sous le rapport religieux; il n'y avait donc qu'à venir.

Le 1er octobre 1906, quelques sœurs prenaient possession de l'immeuble et se hâtaient de tout organiser. Le 8 au matin, elles allaient au bateau recevoir élèves et maîtresses.

La villa si coquette, avec son balcon de pierre, parut à toutes un charmant nid de verdure et une résidence d'exil inespérée.

On se mit au travail avec ardeur, sous le regard de Celui qu'on retrouve sous tous les cieux et qui n'abandonne jamais les siens. Le 2 décembre, on inaugurait dans la maison une petite chapelle et pour la première fois on y célébrait la messe.

Bien que la communauté ait ses offices à la maison, pour répondre au désir de M. le curé, le pensionnat consentit à chanter chaque dimanche à la paroisse; ce fut une grande joie pour le clergé et les fidèles et un courant de sympathie ne tarda pas à s'établir entre les paroissiens de Saint-André et le pensionnat français. Il n'y avait donc qu'à bénir le bon Dieu; chacune le fit de son mieux.

Mais si le travail est de tradition dans les écoles de Saint-Joseph, les congés le sont aussi; il faut que l'arc se détende, si l'on ne veut pas qu'il se brise. Signalons le congé de Pise, où la troupe joyeuse reçut un accueil amical chez les sœurs Saint-Joseph de Chambéry, sans avoir toutefois la joie d'y rencontrer une seule Française. La visite des églises et des principaux monuments occupa une partie de la journée; la tour penchée ne fut pas oubliée; inutile de le dire. Puis Mme la comtesse Pozzi di Borgha ménagea à cette jeunesse joyeuse mais chrétienne, une réception à l'archevêché. Mgr Gianni fût très bienveillant; par la suite, il se montra de plus en plus paternel.

Parlons encore du congé de Lucques. Le pensionnat y fut accueilli par les Petites sœurs des Pauvres avec une cordialité toute française; c'est que la plupart d'entre elles sont Françaises, en effet.

Cette fois c'est chez Mgr Lorenzelli, ancien nonce à Paris, que le groupe eut l'honneur d'être reçu. L'éminent prélat fut des plus accueillants et se dit tout à fait heureux de recevoir des Françaises chez lui. Il félicita les enfants et par elles les parents d'avoir affronté l'exil pour compléter leur éducation religieuse; il les encouragea au travail et à la piété et les bénit avec tout son cœur.

Une autre joie très sentie fut ménagée aux exilées de Livourne en 1909 : notre révérende Mère Henri-Xavier, si appréciée, si aimée, fit cette année-là le voyage de Rome avec Mère Émile de Loyola, une de ses assistantes, très aimée aussi. Elles s'arrêtèrent à Livourne à l'aller et au retour;

la joie qu'elles y apportèrent fut grande. Hélas! la congrégation les pleure aujourd'hui toutes les deux.

On était bien à la villa Clara, mais le nombre des élèves ayant augmenté, elle ne pouvait plus les contenir; force fut donc de la quitter. Pendant que le pensionnat se transporte à la villa Ambrosa, rapprochons-nous de Gênes; de là nous irons visiter la colonie d'Ajaccio.

Bordighera. — Le 30 septembre 1906, presque toute la ville d'Ajaccio se trouvait sur le quai pour dire au revoir à celles qui partaient. C'étaient les enfants du pays, accompagnées de la Directrice de leur pensionnat que le « Liamone » allait emporter.

La cloche sonnant le départ fut impressionnante, aussi bien que les derniers baisers des papas, des mamans, des enfants. Bien des larmes coulaient des yeux de cette foule, personne cependant ne revint sur sa décision.

L'ancre est levée!... Les chères enfants escaladent la passerelle; elles veulent voir encore et le plus longtemps possible tout ce qu'elles aiment, tout ce qu'elles quittent; leurs parents, leur ville, leur golfe, leurs montagnes. Mais le bateau s'éloigne; bientôt elles ne voient plus rien; rien que la grande nappe bleue et le « Liamone » qui flotte comme une coquille de noix sur cette immensité.

Le bateau fit escale à Calvi; de nouvelles élèves vinrent grossir le nombre des jeunes pensionnaires. A l'Ile-Rousse d'autres encore. Le voyage fut agréable, la nuit bonne, ce qui n'empêcha pas d'éprouver grande joie à voir paraître Nice. Le but attire. On aborda et l'on se rendit à l'hôtel pour dîner.

Tout à coup parut Mère Léopold, la supérieure d'Ajaccio, qui était venue, avec les maîtresses, organiser le nouveau pensionnat. Les élèves ne s'attendaient pas à la rencontrer là; ce fut un cri de joie : « Notre Mère!... Notre Mère!... » Et comme une volée d'oiseaux, toutes quittèrent la table.

Les voyageurs s'arrêtèrent saisis, pour contempler la scène; ils la trouvaient gentille, attendrissante. Les enfants ne s'aperçurent pas qu'on les regardait, elles étaient tout à la joie. Quant à la supérieure, elle si forte d'ordinaire, elle pleurait!...

Il faisait nuit noire quand le train les déposa sur la terre des Ligures qui leur donnait asile. Malgré tous les témoignages d'attachement donnés par les familles, on ne s'attendait pas à un aussi grand nombre d'élèves; on vit immédiatement que le nid était trop petit; heureusement on avait du terrain; on allait construire et construire tout de suite. En attendant, on loua un étage, pour les grandes, dans deux maisons voisines et une villa pour les petites. Tous les soirs, à huit heures, trois groupes quittaient le pensionnat pour aller dormir ailleurs.

La maison fut agrandie, mais le jour où l'on acheva de la couvrir, la stupéfaction des élèves devint presque de la fureur en voyant flotter sur le toit le drapeau italien à la place du drapeau français.

Un jour, il y eut un grand congé et l'on repassa la frontière. Lorsque, à travers les glaces des portières, les élèves aperçurent le triangle blanc qui marque la limite des deux pays, un formidable « hourra! » retentit. En sautant du train, il fallut leur faire violence pour les empêcher de baiser le sol français. Les maîtresses qui modéraient leurs élèves étaient elles-mêmes très émues. Mère Léopold, à l'âme si virile, versait d'abondantes larmes; l'exil lui pesait plus qu'aux jeunes, quelque riante et ensoleillée que soit la plage où il les avait conduites.

Un voyageur, témoin de cette scène, demanda l'autorisation de prendre ce groupe de jeunes pensionnaires. La supérieure ne crut pas devoir refuser, et c'est de la sorte que, pour les yeux comme pour la mémoire, ce jour fut immortalisé.

On les photographia au cap Martin, non loin de la villa

de l'Impératrice Eugénie, la « Villa Cyrnos », que leur titre de Corses leur valut ensuite le privilège de visiter.

La journée fut délicieuse, exquise, pleine de douces émotions. En repartant elles auraient voulu emporter tout ce coin de France. Elles prenaient de la terre, des cailloux, des feuilles d'arbres; elles les baisaient avec amour disant : « C'est français! C'est français! »

A Menton, les garçons de l'hôtel « Beau Rivage » où elles avaient dîné, restèrent ahuris quand, le repas fini, toutes redemandèrent du pain. Elles voulaient l'emporter, le conserver, le manger sur la terre étrangère. Et quand, à Vintimille, au moment de passer la frontière, le douanier vint demander si l'on n'avait rien à déclarer, chacune de lui montrer son trésor et de lui dire :

« Terre de France!... Fleurs de France!... Pain de France!... »

Oh! la France, comme on a senti qu'on l'aimait durant ces premières années d'exil!

Presque toutes les semaines elles avaient des surprises : c'étaient de nouvelles compagnes qui arrivaient; c'étaient les Pères du Grand Séminaire d'Ajaccio, expulsés eux aussi et réfugiés sous le même ciel; c'était sa Grandeur, Mgr Desanti nouvellement nommé évêque d'Ajaccio, qui apportait à son troupeau en exil, des encouragements et des consolations. Sa visite donnait d'autant plus de bonheur que Monseigneur était un père pour toutes. C'est dans le cher pensionnat d'Ajaccio, où il était aumônier, que sa Sainteté Pie X était venue le prendre pour le sacrer évêque.

Le vénéré prélat fut reçu dans la cour d'honneur, sous les gigantesques palmiers qui l'ombragent. En descendant de voiture, Sa Grandeur se rendit à la chapelle où l'accueillit un magnifique « Hosanna ». De là, il passa à la salle de réunion; on lut une adresse; on chanta.

Monseigneur était si ému qu'il ne put répondre aux élèves; il dit qu'il les verrait plus tard et sortit. Le soir, il les demanda dans sa chambre; les fit asseoir à ses pieds comme des enfants autour de leur père et il leur parla de Cyrnos [1], des ruines qu'on y avait accumulées, de ses soucis pour ses prêtres, privés de pain et de toit, de la difficulté où il était de leur trouver un traitement. Oh! comme il fut bon, ce soir-là; mais comme il était triste!...

Arrêtons-nous sur ce souvenir, c'est trop longtemps rester à Bordighera; quittons la mer pour la montagne; la libre Helvétie à son tour nous appelle.

La Suisse. — En attendant que les sœurs de Saint-Joseph s'installent à Fribourg, dans leur magnifique école d'infirmières, dans ce même canton à *Rue*, le château du Marquis de Maillardoz devient leur pied-à-terre.

Encore un-nid charmant posé, non dans la Suisse mondaine, mais dans la Suisse reposante. Ce parc, ces grands arbres pleins de concerts d'oiseaux et d'écureuils qui gambadent; cette eau qui coule si abondante et si limpide; cet air qui court par-dessus les glaciers pour arriver plus pur à vos poumons; cette chapelle du château, où chaque jour un Père salésien célèbre le Saint-Sacrifice; cette chapelle que les prêtres des environs connaissent, dans laquelle ils s'arrêtent en passant, pour donner à la communauté le bénéfice et la surprise d'un salut du Saint-Sacrement sur lequel on ne comptait pas; tout cela est bien vivant dans le souvenir et dans les cœurs.

Et ce joli village, posé comme un nid d'aigle au faîte d'un rocher, en face des sommets si nombreux et si joliment étagés des monts de la Gruyère. Ce village où tout le monde sanctifie le dimanche, cesse absolument tout travail et assiste à la messe; où tout le monde communie au moins à Pâques et aux grandes fêtes; ce village où, chaque soir et dans chaque foyer, le père de famille réunit ses serviteurs

1. L'un des noms de la Corse.

et ses enfants pour faire en commun la prière et réciter le chapelet; ce village où, sur les marchés, dans les champs, dans les auberges même, au son de l'angélus, chacun se découvre et récite l'*Ave*.

Ce château, ce pays rappellent de bien doux souvenirs, on y resterait volontiers, mais Fribourg nous attend, ne nous attardons plus. Fermons, puisqu'il le faut, la maison de famille ouverte ici par l'Institut dépouillé de ses droits en France et partons.

Fribourg. — L'École d'Infirmières de Fribourg doit son existence au grand homme d'État catholique, M. Georges Python, que la Suisse vient de perdre et que tout le monde regrette.

Après avoir doté, en 1889, la cité fribourgeoise d'une Université d'État, M. Python l'a enrichie de plusieurs grandes Écoles. L'une de ses créations fut l'École d'Infirmières. L'ouverture en fut décidée en 1806. Cette école fut fondée dans le noble but d'élever le niveau moral, intellectuel et professionnel de l'Infirmière pour le plus grand bien des malades.

C'est que la carrière d'Infirmière n'est pas une carrière quelconque. Ce n'est pas simplement pour se faire une situation qu'on accepte de vivre au chevet des malades; il ne s'agit pas de leur donner seulement des soins physiques; il faut cela sans doute, mais il faut autre chose avec cela, quelque chose de plus grand, de meilleur. Il ne faut pas mettre seulement ses bras au service du malade; il faut mettre son cœur. Il faut apprendre au pauvre patient à accepter son mal, à supporter sa souffrance. Le malade qui supporte ses maux en patience souffre moins, guérit plus vite et plus facilement que celui qui s'insurge et s'irrite; le calme fait tomber la fièvre; l'irritation la donne.

Mais pour amener le malade à comprendre ces choses, l'infirmière doit d'abord les avoir bien comprises elle-même;

elle doit les avoir fait passer dans sa conduite et dans ses habitudes. Elle aussi doit savoir accepter, supporter. Les malades ont des exigences; les soins à donner sont pénibles; on ne soulage les autres qu'en se fatiguant soi-même et en s'oubliant. Si, en face de ceux qui se montrent exigeants, l'infirmière reste douce, patiente, compatissante, le malade ne tarde pas à s'en apercevoir; il s'attache à celle qui lui est bonne; il subit son ascendant; il lui accorde sa confiance. C'est alors que l'infirmière peut jouer un beau rôle! C'est un vrai sacerdoce qu'elle peut, qu'elle doit exercer, car toute véritable infirmière est apôtre et apporte à son malade le soulagement moral aussi bien que le soulagement physique. Nul ne peut dire jusqu'où peut s'étendre l'influence des actes, des paroles et des exemples d'une véritable infirmière.

Je crois bien que les sujets formés à Fribourg ne comprennent pas trop mal ces choses; les lignes suivantes écrites par Mlle Comte, directrice de l'Union des Infirmières à Nice, semblent vraiment nous le dire :

« Vos chères enfants possèdent à un rare degré les qualités que requiert la vocation d'infirmière. Il me semble que le bon Dieu est bien glorifié par elles. Le travail est abondant et je suis quelquefois obligée de doubler le service de ces petites qui ne savent rien refuser. »

Voilà un bel éloge, puisse-t-il être mérité par toutes celles qui ont voué leur vie à cette noble carrière.

L'École, dirigée par les religieuses de Saint-Joseph de Lyon, est une école internationale dans laquelle sont représentées les diverses langues et les diverses nationalités. Elle offre aux jeunes filles une formation théorique et pratique. Les cours y sont donnés par les médecins et les professeurs de la ville. Le diplôme de fin d'études est sanctionné par l'État.

L'École possède, pour les anciennes élèves, un cours de perfectionnement — un cours de vacances — une bibliothèque médicale. riche de nombreuses revues qui circulent de l'une à l'autre — un bureau de placement — un Comité qui enveloppe de sa vigilante protection les infirmières formées à Fribourg et dispersées à travers le monde.

Ce Comité ne néglige rien pour faire des élèves de son École des sujets d'élite dont la moralité ne permette aucun soupçon et dont le travail ne laisse rien à désirer.

CHAPITRE XII

L'Égypte et l'Inde

S'il y a une chose à laquelle les religieuses de Saint-Joseph ne pensaient pas avant lé xxᵉ siècle, c'est bien à aller dresser leurs tentes dans les contrées mystérieuses des bords du Nil, près de la Thèbes aux cent portes chantée par Homère.

C'est ce qu'elles ont fait pourtant. En 1907, elles posaient le pied sur la terre des Pharaons et pénétraient dans la Haute-Égypte. Jetons un coup d'œil en passant sur chacune de leurs colonies.

Abou-Tig. — C'est avec une escorte de curieux que les sœurs firent leur entrée dans cette ville; le maître d'école sut maintenir tout le monde à respectueuse distance, en donnant force coups de bâtons reçus sans protester.

La maison qui devait être la leur n'étant pas complètement terminée, elles furent reçues par un schismatique, à la fois bey et consul qui protège les catholiques; c'est le seigneur du pays. La sainte messe fut célébrée dans le salon par le Père Habib, jésuite qui les introduisait. L'église copte était fermée depuis deux ans; elle allait se rouvrir heureusement, car les jésuites ne sont là qu'en passant; leur résidence est à Minieh; les catholiques n'ont donc que les offices coptes à Abou-Tig; les Pères viennent tous les quinze jours pour la confession des religieuses.

Les jésuites ont, dans la Haute-Égypte, soixante à

soixante-dix localités à évangéliser à travers le désert. Le désert c'est le pays qui s'étend aux environs d'Abou-Tig sur la rive droite et sur la rive gauche du fleuve, et qui fut jadis peuplé par tant de solitaires et de vierges. Les Pères endurent bien des privations dans ces courses apostoliques, mais leur amour des âmes est tel qu'ils semblent ne pas s'en apercevoir. Ils traversent le Nil en barque avec, pour compagnons, Arabes, jument, ânes, chameau. Ils arrivent tachés, poudreux chez les sœurs qui réparent le mieux possible le désordre de leur toilette. On recoud, on lave, on brosse sans parvenir à enlever les taches; la poussière, c'est la onzième plaie d'Égypte, ses traces sont indélébiles.

Ce qui est curieux, dans cette région, c'est l'électricité qui s'accumule sur les habits. Quand on les brosse, on sent circuler le courant et il se manifeste par des étincelles et des pétillements; avec la main, on trouve très bien le courant d'air et les étoffes légères viennent s'appliquer contre vous, il faut faire effort pour les en détacher. A Guergueh, où l'air est extrêmement sec et chaud, ce phénomène est très sensible; il ne se produit pas à Minieh où l'air est humide.

A Abou-Tig, les sœurs vont faire ce qu'elles feront partout, s'occuper des enfants et des malades. Pour commencer, elles apprennent les lettres, les vingt-neuf lettres de l'alphabet arabe, sans accent et sans voyelles, et quand elles savent lire presque couramment l'imprimé, tout est à recommencer pour l'écriture qui diffère absolument. Mais quand elles savent l'arabe, elles savent presque l'hébreu, langue parlée par Notre-Seigneur; c'est encourageant.

Guergueh. — Plus avant dans la Haute-Égypte, saluons les sœurs à Guergueh, belle ville de 30.000 âmes dont trois à quatre cents seulement sont catholiques, mais de vrais catholiques. Guergueh est plus riche et plus civilisé qu'Abou-Tig qui compte pour sa part treize mille habitants. Cette richesse vaut à Guergueh de posséder de jolies maisons et

BASTIA (CORSE) — PENSIONNAT, FAÇADE PRINCIPALE

de véritables palais, dans lesquels se trouve réuni tout ce que le luxe oriental comporte.

C'est dans un de ces palais que les sœurs passèrent leur première journée et leur première nuit. Le maître de maison, M. F., en fit les honneurs; on servit le dîner à l'européenne : sur la table étaient alignées des bouteilles portant l'étiquette : Champagne, Bordeaux et autres crus de France; chaque convive avait devant lui trois verres; mais on ne but que la même eau du Nil, c'est l'unique boisson du pays.

Mme F. ne parut pas à table, il y avait un homme étranger (un jésuite). Après le dîner, on conduisit les sœurs dans son appartement. Elle était assise sur d'élégants coussins, au milieu d'un salon tendu de velours bleu-pâle et vêtue d'une robe de bal en soie bleue de ciel, sur laquelle s'étalaient des colliers d'or, des chaînes, des breloques. S'il n'y avait pas eu d'homme étranger, Mme F. eût paru dans la salle à manger, mais se serait tenue à l'écart; les femmes n'ont pas le droit de s'asseoir à la table de leur mari. A l'église, elles sont reléguées à la tribune, derrière des grilles épaisses comme celles des clarisses.

A Guergueh encore, les fils du Prophète ne se montrent pas hostiles, mais curieux. Les meilleures familles s'empressent d'amener leurs jeunes filles au couvent, heureuses qu'elles sont de n'avoir plus à les envoyer faire leur éducation à Alexandrie, au Caire, à Louqsor, en Syrie même. Les humbles arrivent aussi et beaucoup plus nombreux.

Ici, les sœurs ne se pressent pas de faire des conversions; d'après les recommandations des Pères jésuites, il est interdit aux petites musulmanes de faire leurs prières au couvent; à plus forte raison ne tolère-t-on point leur présence à l'église. Chose étrange, ce sont ces enfants qui apprennent le plus rapidement les prières enseignées à leurs compagnes; elles éprouvent le besoin de suivre le courant; on leur défend de prier à l'école, elles prient quand même.

Les sœurs se contentent donc d'inculquer à toutes leurs élèves une âme catholique; elles voudraient bien faire davantage, mais les Pères disent : « Patience; nous n'avons pas encore semé, nous ne préparons que le terrain; déchirer le sol, c'est la tâche ingrate, mais l'heure viendra et la moisson sera belle. » Au dire des Pères qui ont passé par les différentes missions, l'Égypte est le pays le plus favorable aux conversions. Ce n'est pas étonnant, la Haute-Égypte a un si beau passé; elle a été autrefois si célèbre; elle a vu des chrétientés si florissantes! Hélas! l'hérésie, le schisme et le Croissant l'ont désolée depuis!

C'est pour aider à préparer le terrain que les sœurs consacrent une partie de leur après-midi du dimanche à visiter les familles. Sans cela, elles ne connaîtraient jamais les mères de leurs élèves, puisque ces mères ne sortent pas. Les parents réclament avec instance la visite des sœurs : « Vous viendrez, disent les enfants, maman me gronde, elle dit que je ne sais pas vous inviter. » Les sœurs leur donnent satisfaction et portent partout la joie. Je dis partout, car elles vont dans toutes les familles; les musulmans, les coptes schismatiques ou plutôt orthodoxes, comme on dit là-bas, les accueillent avec transport. Dès qu'elles entrent, hommes et femmes leur baisent la main et s'écrient : « Que de bénédictions pour nous!... Allah!... Allah!... que le Prophète vous bénisse! » Et dans chaque visite apparaît la fameuse tasse de café turc accompagnée, ici de dattes, là d'oranges, de bonbons arabes qu'il faut accepter, même si les noisettes sont cassées avec les dents; refuser serait une injure.

Ce n'est pas seulement dans la ville que les sœurs sont demandées, c'est aussi dans les environs. Elles acceptent l'invitation, quand la chose est possible, c'est l'occasion de faire un peu de bien. Elles ne partent jamais sans leur collyre et trouvent toujours l'occasion de l'utiliser, car tout le monde a mal aux yeux. Elles ont soin d'emporter aussi un autre flacon d'eau du Nil et, quand elles rencontrent sur leur route de petits êtres dont les ailes s'ouvrent pour les emporter, elles versent un peu d'eau sur leurs fronts et les munissent d'un passeport. Elles font cela partout en mission et peuplent le ciel de protecteurs invisibles qui aident l'apostolat.

De quoi parle-t-on dans ces visites? On parle de la famille, de la santé, des enfants. On parle aussi du bon Dieu, même aux musulmans qui ont de la dévotion pour la sainte Vierge; ils l'appellent : « Notre-Dame Marie ».

La visite terminée, l'on s'en va, et sur la route on reçoit le salut du pays : « Que votre jour soit bon! » Et l'on se hâte de répondre : « Bon et plein de bénédictions! » Quittons Guergueh sur ce vœu tout chrétien.

Minieh. — Des missions de la Haute-Égypte, Minieh est la plus favorisée; les Pères jésuites ont leur résidence dans cette ville, les secours religieux abondent. Le travail ne manque pas non plus, l'œuvre des sœurs comprend :

1º L'École qui se divise en plusieurs groupes : pensionnat; externat payant; externat gratuit; ouvroir payant; ouvroir gratuit; classe de piano;

2º Un dispensaire ouvert tous les jours de huit heures à onze heures et demie;

3º La sacristie des Pères, et c'est quelque chose; on aime les cérémonies à Minieh;

4º La lingerie des Pères, celle des Frères des Écoles chrétiennes et l'entretien de leurs vêtements;

5º L'imprévu qui tient une large place. Il ne vient pas un seul personnage un peu important à Minieh, sans qu'on l'amène visiter les sœurs et leurs écoles. Quand on se souvient qu'en mission on ne dispose que de ses propres moyens, vu qu'il n'y a : ni tailleurs, ni couturières, ni blanchisseuses, ni repasseuses, ni cuisinière; bref! qu'il faut tout, mais tout faire, on comprend que l'on n'ait pas le temps de s'ennuyer.

Au dispensaire, il passe cent cinquante à cent quatre-vingts malades par jour. Les ophtalmies plus ou moins graves abondent; le sable du désert que le vent promène par toute l'Égypte fait tant de mal aux pauvres yeux! Le ver solitaire n'est pas rare non plus; on y soigne encore plusieurs autres tristes maladies, partage de tout l'Orient. A cette occupation, le temps court plus vite encore que les bons petits ânes qui encombrent le Caire; ces gentils petits ânes qui n'ont pas leurs pareils dans le monde pour trotter et résister à la fatigue. Mais si le temps court, le travail va moins vite; à Minieh comme ailleurs, il dépasserait les forces, si le bon Dieu n'ajoutait un peu de la sienne à celles des sœurs.

A Minieh tout le monde, les Européens surtout, sont ravis d'avoir une école française tenue par des Françaises; mais l'élément cosmopolite, qui alimente les classes payantes, crée de grosses difficultés, à cause des langues multiples qui se parlent.

En tant que nationalité il y a : des Françaises, des Grecques, des Syriennes, des Arméniennes, des Russes, des Italiennes, des Égyptiennes.

En tant que religion : des catholiques de souche, des schismatiques converties — des protestantes, des juives, des schismatiques coptes, des schismatiques grecques, des musulmanes.

Une école ainsi composée est une vraie tour de Babel; au parloir et dans les classes, on est sans cesse à se débattre à travers toutes ces langues. L'arabe sert de base à l'enseignement; l'anglais occupe aussi une place très grande.

A Minieh les conversions sont plus faciles et plus nombreuses qu'ailleurs, mais on n'admet les élèves dans la religion catholique qu'après leur désir longtemps et ardemment exprimé, et avec le consentement écrit et signé des parents. Les enfants des familles riches obtiennent plus difficilement cette autorisation que les autres, mais elles sont très charitables pour les enfants pauvres; elles se constituent leurs petites mamans et leur achètent robes, souliers, friandises. Pour la première communion, vingt-cinq paires de souliers blancs ont été offerts par des protestantes, des schismatiques, des musulmanes même à leurs petites compagnes catholiques. Les maîtresses encouragent de tout leur cœur ce mouvement généreux qui attirera peut-être sur leurs auteurs des grâces de salut.

Mallaoui. — A Mallaoui les sœurs ont deux bâtiments à leur disposition; le premier comprend la communauté et l'école; le second, le dispensaire et la buanderie. Le dispensaire ne s'ouvre qu'une fois par semaine, faute de temps pour l'ouvrir tous les jours. Le samedi, un Père vient de Minieh, et soigne les malades comme un médecin.

Là comme partout les meilleures familles confient leurs enfants aux religieuses bien qu'il y ait des écoles protestantes.

On peut circuler sans être inquiété, à Mallaoui et ailleurs; les Arabes sont très complaisants pour les sœurs; ici et dans tout l'Orient, elles sont traitées comme des êtres absolument à part et de beaucoup supérieurs au reste des mortels. C'est heureux et c'est nécessaire; pour faire le bien, il faut qu'elles puissent pénétrer partout sans étonner personne. Les devoirs d'une religieuse missionnaire ne sont pas ceux d'une carmélite ou d'une trappistine; les grâces que le bon Dieu met à sa disposition ne sont pas les mêmes non plus. Ici, les cloîtrées, ce sont les femmes ordinaires, avec lesquelles on semble n'avoir jamais pris assez de précautions; celles qui s'en vont librement partout, ce sont les vierges du Seigneur que leur ange accompagne, pour les garder, pour les soutenir et pour les aider.

Le Caire. — Oh! cette Égypte, quelle impression elle produit sur l'imagination! Toute l'histoire de l'antiquité, tout l'Ancien Testament, tout le commencement du Nouveau, toute une partie de notre histoire nationale se dressent devant nos yeux, en suivant le cours du Nil, en contemplant les Pyramides. C'est sous cette impression que nous arrivons en face du « Grand Collège de la Saint-Famille ». C'est le collège des jésuites ; et tout près, lisez cette autre enseigne : « Petit Collège de la Sainte-Famille ». Les sœurs arrivaient là en 1912. Le « Petit Collège » devait préparer des élèves pour le « Grand ».

Au Petit Collège comme ailleurs l'arabe donne à celles qui arrivent de France, pas mal de fil à retordre. Pour commencer, personne ne se comprend. Heureusement ces bons petits Arabes n'abusent pas de la situation. « Ma sœur, dit l'un d'eux qui sait un peu de français, *vous, apprendre français à nous et nous, apprendre arabe à vous.* » Avouez que c'est gentil ! Aussi les sœurs ne tardent pas à aimer l'arabe et les Arabes, ils ont si bon caractère ! La plupart de ces enfants sont pleins de bonne volonté et sans rancune pour les punitions qu'on est parfois forcé de leur infliger. Le matin et le soir, avant de partir, ils baisent la main de leur maîtresse en la saluant ; c'est la marque de respect donnée aux religieux. Laissons-les travailler ensemble ; il est temps de quitter l'Égypte, si nous voulons terminer le voyage.

L'Inde anglaise. — Si, du port d'Alexandrie, le jeudi 14 juin 1906, vous aviez fait jusqu'à Port-Saïd un petit cabotage, vous auriez vu la guimpe et la cornette blanche des sœurs de Saint-Joseph sur le pont de l'*Armand-Béhic* ; vous auriez vu encore sept chinois et un prêtre. Le prêtre se rendait à Saïgon, c'est un missionnaire ; les Chinois allaient à Pékin et les sœurs à Madura, capitale du Maduré, la forteresse du paganisme où saint François-Xavier désirait pénétrer et qu'il n'a pu que contempler de loin.

Si cela vous intéresse, voyez-les parcourir le canal de Suez chauffés à plomb par le soleil des tropiques et horizontalement par les déserts de sable qui, à droite et à gauche, enserrent de si près l'*Armand-Béhic* qu'un autre bateau ne passerait pas entre eux. Rien n'enchante dans ce parcours; on n'éprouve qu'un désir : le terminer au plus tôt.

A Suez on est heureux de voir les rives s'écarter et le canal faire place à la mer Rouge dont les eaux sont, en réalité, d'un bleu profond. Cette mer peuplée de requins et dont on dit tant de mal, les fait soupirer d'aise. Le soleil y est très ardent, très proche des têtes; mais, quand on vient de traverser le canal, on bénit tout de même la mer.

On passe devant la Mecque, on aperçoit de loin le Sinaï et la « Fontaine de Moïse ». Près d'Aden, la côte arabique se rapproche, on entre dans le détroit de Bab-el-Mandeb, et le 19 juin, à 11 heures du matin, on jette l'ancre à Djibouti.

C'est une terre de feu : 44°, à onze heures du soir. L'*Armand-Béhic* fait là une escale de douze heures, durant lesquelles ont lieu les obsèques du maître d'hôtel, mort sur le bateau d'une mauvaise fièvre. Le voisinage de la terre a valu à sa dépouille mortelle de n'être pas immergée. Ce décès affecte tout le monde.

Le lendemain, l'*Armand-Béhic* vogue en plein océan Indien et la mousson, terrible à cette époque, le remue jusqu'en ses profondeurs; la mer est démontée; c'est le gros temps. De droite, de gauche, d'avant, d'arrière, les vents terrestres, les forces sous-marines balayent le pont. Les passagers sont attachés à leurs chaises, les chaises fixées aux amarres. Deux d'entre eux prétendent rester libres et marcher : l'un se casse la jambe, l'autre se blesse à la tête. Le flot monte, monte toujours et le roulis imprimé aux gens et aux choses un mouvement violent de balançoire. Tout à coup un paquet de mer passe par-dessus les têtes, transperce les vêtements et emporte l'une des sœurs. Un matelot la saisit au passage, avant que la lame l'ait jetée par-dessus les bastingages. Sans lui, elle était à la mer; un de ses souliers y est allé tout seul. La sœur devra rester quatre jours avec un seul soulier, le roulis ne permettant pas de toucher aux malles.

Laissons les passagers sous la garde de Dieu terminer leur voyage, et d'un coup d'aile volons à Madura pour recevoir les sœurs.

* *

Voici le train qui les amène; un jésuite, le P. Ministre, leur souhaite la bienvenue et leur présente une famille catholique : « Ce sont nos amis, dit-il! ce sont aussi les vôtres; ces dames ont tout préparé pour vous recevoir. »

Deux voitures attelées de jolis bœufs blancs qui trottent comme de petits chevaux les emportent. Après une demi-heure de course, les voitures franchissent un portail de fer large ouvert et pénètrent dans un jardin planté de majestueux cocotiers. A l'extrémité d'une large allée, les bœufs s'arrêtent devant une maison encadrée de verdure et de fleurs; trois jésuites les attendent sur le perron. Les sœurs se croient dans la famille anglaise qui veut bien les recevoir : « Vous êtes chez vous, leur dit le P. supérieur [1], dans le « bangalow » Saint-Joseph. » On appelle « bangalow » toute maison qui se distingue de la hutte indienne; le leur a été baptisé avant qu'elles arrivent. On leur fait visiter la maison ouverte de part en part, dans chaque pièce les courants d'air sont obligatoires et, après un bout de toilette, les sœurs passent à la salle à manger, où les attend un dîner copieux; ainsi que deux Indiens armés d'éventails à long manche qui, placés de chaque côté de la table, doivent leur donner de l'air. Les sœurs veulent protester : « C'est l'usage, leur dit le Père, puisque vous n'avez pas encore de punka. » Le punka, sorte de mécanisme à air qui remplace l'éventail, s'installa peu de jours après, ce qui permit de congédier les Indiens.

A Madura, les sœurs seront des dames, les castes obligent

---

1. Le R. P. Grange, supérieur de la Mission de Madura.

au décorum; elles préféreraient autrement, mais les « Vierges d'Europe » (c'est ainsi qu'on les nommera), doivent conserver leur prestige. Elles seront donc des dames, mais des dames qui sauront s'occuper.

Le lendemain, 2 juillet, un millier d'indigènes, musique en tête, venaient leur souhaiter la bienvenue. Dans leur tamoul, tous leur disaient les plus délicieuses choses, mais elles ne savaient y répondre que par le mot : « Saustiram! » (Gloire à Dieu!) C'est par ces mots que les chrétiens se saluent. On offrit à la supérieure une guirlande de fleurs et à chacune des sœurs un citron; c'est l'usage. Puis chacun déposa devant elles son présent particulier : un coq vivant, un plateau d'œufs, du raisin, des amandes, des biscuits, du sucre candi, des poires, de la farine, des confitures, un filtre, une passoire, etc. Ensuite s'approchant les uns après les autres, tous, hommes, femmes, enfants tendirent leur front, sur lequel chaque sœur dut faire une croix en répétant : « Saustiram! » (Gloire à Dieu!) Les Pères disent : « Acirvada! » (Je vous bénis!) Cette scène inspirée par une foi naïve peut-être, mais si vivante, est impressionnante; les sœurs avaient peine à retenir leurs larmes.

A Madura, c'est le tamoul qu'en arrivant les « Vierges d'Europe » doivent apprendre à lire, à prononcer, à écrire; l'un n'est pas plus facile que l'autre. Ce n'est pas sans raison qu'on accuse l'Indien d'être phraseur, l'étude de leur langue le prouve. Ils vous disent : « Avec mes yeux je vous regarde. » — « Avec ma langue je goûte mon kari. » — « Avec mon cœur, je sens des sentiments d'amour pour vous. » Au lieu de dire : Je vous vois; je mange; je vous aime. La réputation de difficile que le tamoul s'est acquise n'est assurément pas volée.

Ceci n'empêchera pas les « Vierges d'Europe » de diriger avant peu : l'hôpital général, des écoles et un noviciat dans la cité de Madura. Aux Indes, la ville devient cité au-dessus de cent mille âmes; Madura en compte cent trente-trois mille.

Impossible de rien faire par soi-même, ni chez soi, ni ailleurs, les préjugés de l'Inde s'y opposent; il faut faire faire le travail et le faire faire devant soi; si l'on s'absente une minute, plus personne : le balai, le seau restent au milieu de la salle ou de la véranda.

Les femmes employées à la cuisine sont dociles et font ce qu'elles peuvent, mais il faut être là. Le matin, sept ou huit de ces jeunes femmes pilent le riz et préparent le repas; le soir, jeunes et vieilles se réunissent pour la récitation du chapelet, suivie d'un peu d'instruction religieuse. On apprend, aux dernières venues, à faire le signe de la croix; à celles qui préparent leur baptême, à réciter le « Notre Père » et le « Je vous salue »; aux plus avancées, un chapitre de catéchisme. On termine par un petit conseil et une histoire, **car** elles aiment les histoires, les faits miraculeux surtout.

Ces femmes restent enfants toute leur vie et le sont peut-être plus à quarante ans qu'à quinze. Elles ont, pour des bêtises, des discussions capables de rassembler tous les gens du quartier; heureusement, un mot les calme. L'Indien semble né pour les querelles, un rien l'irrite, comme un rien l'apaise.

La plupart des malades de l'hôpital sont païens; de loin en loin, avant leur mort, ils reçoivent le suprême remède et ils s'en vont contents.

Les « Vierges d'Europe » sont en rapport avec toutes les castes, depuis celle des brahmes, la plus élevée, jusqu'à celle des voleurs; car il y a une caste, dont le vol est l'unique métier; elle a son dieu et ses temples. Aidez de vos prières celles qui essayent d'arracher les âmes aux hideuses idoles de ce religieux pays. Quelques-unes de ces petites âmes de l'école païenne sont très intéressantes, leur esprit est très bon, leurs dispositions sont excellentes, leur attachement pour leurs maîtresses est très grand.

Un matin l'une d'elles, âgée de douze ans, dont le frère avait la petite vérole, vint très triste auprès de sa maîtresse.

« Si mon frère doit mourir, lui dit-elle, je ne voudrais pas qu'il meure sans baptême. — Demande à ton père s'il veut qu'on aille le voir, » répond la sœur. Le père n'accepta pas. Alors l'enfant se fit montrer la manière de donner le sacrement et baptisa elle-même son frère qui mourut peu après. Le fait n'est pas isolé, plusieurs petites païennes ont administré le baptême à des enfants qu'elles voyaient sur le point de mourir. Il y a tout lieu de croire que ces païennes si ardentes pour procurer le salut de leurs frères appartiennent déjà à l'âme de l'Église, si elles ne font pas partie du corps.

Les sœurs font aussi des excursions dans les villages d'alentour, et cela dans toutes les missions; c'est là surtout qu'elles en administrent des baptêmes! Le noviciat dont nous avons parlé est une sorte de tiers ordre pour les jeunes filles indigènes qui se sentent appelées à la vie religieuse. Une fois initiées sérieusement à leurs devoirs nouveaux, elles s'en vont faire le catéchisme dans les villages et remplir, loin du centre de la mission, les œuvres apostoliques pour lesquelles les religieuses européennes ne peuvent suffire. Cette formation se fait à Madura, dans une maison construite à cet effet. Le 2 juillet 1911, Monseigneur a béni ce noviciat. Priez pour toutes les âmes d'apôtres qui travaillent dans ce foyer du paganisme. Demandez à l'Esprit-Saint d'éclairer les intelligences et de faire disparaître l'esprit de castes, grand obstacle à la conversion de l'Indien.

CHAPITRE XIII

Samos. — Aujourd'hui c'est à Samos, dans une île de l'Archipel, que nous irons visiter les sœurs de Saint-Joseph.

La mission de Samos, fondée pour les catholiques de l'île, est confiée aux Pères des Missions Africaines de Lyon. Depuis longtemps on désirait des religieuses pour l'éducation des jeunes filles ; quand, en 1901, on les vit arriver, l'accueil fut plus que sympathique.

On leur donna pour résidence l'ancienne Mission, c'est-à-dire la maison d'où est sorti le noyau catholique qui tend à se répandre dans l'île tout entière ; leur chapelle est la première église de l'île ; depuis trente ans elle n'avait pas servi au culte. C'est donc au berceau de la catholicité de Samos que nous nous trouvons avec elles.

La joie des sœurs fut grande quand, le 19 mars, jour choisi pour leur installation solennelle, à laquelle assistait le Consul de France et toute la chrétienté, le P. Supérieur [1] leur dit :

« Par une heureuse coïncidence, vous prenez possession de votre Mission le jour de la fête de saint Joseph ; il est tout particulièrement votre Père ; je vous laisse sous sa protection ; je vous laisse surtout sous la protection de Jésus-Eucharistie, que je vous ai apporté tout à l'heure et qui vous reste. C'est une surprise que je vous réservais, car j'ai

---

1. Le R. P. Defoin, de la Société des Missions Africaines de Lyon.

l'autorisation de Monseigneur, qui vous salue lui aussi sur notre terre d'Orient et qui vous bénit. Ce Jésus qui sera toujours avec vous désormais, vous aidera dans les moments pénibles ; car, dans votre vie de missionnaires, il vous servira un pain pétri d'amertume dont vous ne devrez jamais faire abstinence. Jésus l'adoucira et nous vous faciliterons votre tâche en n'étant plus jamais ensemble qu'un cœur et qu'une âme, comme étaient les premiers chrétiens. »

Les sœurs eurent bientôt la confiance de toutes les familles, sans distinction ni de nationalité, ni de religion. Elles ouvrirent des classes payantes dans lesquelles se rassemble un choix d'élèves ; on y enseigne le français, le grec et l'italien ; les élèves passent à Athènes de brillants examens ; une commission spéciale y fait subir l'examen du brevet français. Il en est de même pour Adana dont nous parlerons bientôt ; mais à Adana, l'arménien et le turc sont nécessaires comme langues et les examens se passent à Smyrne.

Tout le monde ne connaît pas Samos, mais tout le monde connaît Pythagore. C'est dans cette île qu'il a pris naissance. Au temps des Romains, Auguste fit l'île autonome. Plus tard, les Turcs l'asservirent ; mais, ayant pris part à la guerre de l'Indépendance grecque, elle recouvra son autonomie sous la suzeraineté de la Turquie, et la protection de la France, de l'Angleterre et de la Russie, en 1832.

Vathy, capitale de l'île, est une ville délicieuse, dans laquelle résidèrent Antoine et Cléopâtre et où, d'après les Actes des Apôtres, saint Paul a abordé ; où la Mère de Jésus s'est arrêtée, elle aussi, en se rendant à Éphèse qui n'est séparée de Samos que par un léger détroit. Cette tradition permet de croire que le jardin des sœurs a été foulé par les pieds de l'auguste vierge Marie, car autrefois la mer s'avançait jusque-là. Cette tradition explique la grande dévotion des Samiens pour cette virginale Mère et les nombreux pèlerinages qu'ils font à son tombeau.

L'île de Samos, aux vallées fertiles et au vin si justement

apprécié, est composée presque exclusivement d'éléments grecs d'origine, d'aspiration et de religion. Cette population vaillante et guerrière avait si bien refoulé le Turc, que pas un arpent de terre n'était possédé dans l'île par un disciple du Prophète. Mais ce n'était pas assez pour elle d'avoir libéré son territoire, son rêve était d'anéantir à tout jamais la souveraineté du Croissant et de ne plus voir chez elle un seul soldat turc. Les Samiens avaient une Constitution, un Sénat, une Chambre de députés, une administration propre, mais ils n'avaient pas le droit d'élire leur Prince; ce droit, il le voulait.

De là les insurrections si fréquentes dans l'île. A la voix des rhéteurs et des discoureurs politiques, les Samiens se soulevaient, tiraient sur les Turcs, sans se demander quelle chance ce petit peuple pouvait avoir de vaincre une armée régulière à laquelle des renforts arrivaient sans difficulté; quand eux, les insulaires, sans formation, sans discipline, n'avaient pour les soutenir que leur ardent amour de la liberté et de l'indépendance. Sans penser à rien de tout cela, les Samiens donnaient eux-mêmes le signal de tueries et d'atrocités sans nom. Une de ces terribles insurrections éclata en mai 1908 et en avril 1912, à la suite de l'assassinat du Prince Kopassis.

Et les sœurs que font-elles, quand une insurrection éclate?

Les sœurs, elles quittent leurs classes; elles rendent les élèves à leurs familles; elles arborent le drapeau français et reçoivent à la Mission les apeurés qui s'y précipitent; elles leur donnent l'abri, le pain, l'eau, les lampes, les couvertures, tout ce qu'elles ont. Elles vont dans les rues ramasser et panser ceux qui tombent; elles entendent siffler les balles et les voient se croiser sur leurs têtes; elles prennent la direction des ambulances improvisées; elles passent des nuits sans dormir; elles bénissent le bon Dieu quand elles voient arriver la France et l'Angleterre, avec ses croiseurs et ses patrouilles qui veillent sur la sécurité de celles qui se dévouent et de ceux qu'elles abritent; elles se réjouissent de voir la fin de ces tueries, elles ne lisent pas les journaux qui célèbrent leur dévouement et leur courage, mais elles reçoivent l'enveloppe qui renferme les félicitations du Sénat samien et l'écrin qui contient la médaille décernée par le Président de la République française. Les officiers disent qu'elles sont braves comme de vieux troupiers ayant fait bien des campagnes. C'est possible! En tout cas, quand tout cela est fini, elles, simplement retournent à leurs classes, en attendant que ça recommence. La paix et la tranquillité sont impossibles sur ce terrain volcanique. *Doxa to Theo!* disent-elles (Gloire à Dieu, quand même!)

La guerre des Balkans, prélude de la « Grande Guerre » mondiale, a libéré Samos de la suzeraineté qui lui pesait si lourd; l'île est, selon ses désirs, rattachée à la Grèce. Aura-t-on la paix à l'avenir? Dieu le veuille!

Zongouldak. — Franchissons maintenant le Bosphore et poussons jusqu'à Héraclée. Zongouldak, petit coin de France en Turquie d'Asie.

Il y a peu d'années, Zongouldak, pays charmant pour son climat et sa situation, était un repaire de brigands qui dévalisaient les voyageurs des villes et des villages voisins.

Un jour, un de ces brigands voulut se construire une hutte. Il creusa le sol, trouva des pierres noires et s'en servit pour la construction de son petit foyer. On devine ce qui se passa : les pierres prirent feu et flambèrent.

Il fit part de sa découverte à un voisin qui renouvela l'expérience. De proche en proche, la nouvelle se répandit; elle arriva jusqu'aux oreilles de personnages importants de Constantinople; des instructions furent prises là-dessus, et, après un examen sérieux de l'affaire, l'extraction du charbon fut décidée et confiée à une société française qui prit nom : « Société Ottomane d'Héraclée ».

Dès 1896, année de l'installation, Zongouldak changea

complètement d'aspect. Quantité d'ouvriers furent amenés pour travailler à la construction des voies de chemin de fer, à la construction du port et à celle des maisons; de jolis magasins se montèrent et, au bout de quelque temps, le repaire de voleurs était devenu une gentille petite ville. Depuis, le temps et le progrès ont fait leur œuvre, et comme les chefs de la Société Ottomane avaient des convictions religieuses, le pays eut bientôt ses prêtres, ses frères et ses sœurs.

Voilà pourquoi, en 1906, les religieuses de Saint-Joseph vinrent prendre, à Zongouldak, la direction de l'hôpital et de l'école ouverte par la Société pour l'instruction des enfants de ses employés.

Peu nombreuses au début, les élèves ne tardèrent pas à se multiplier et l'on vit bientôt, dans l'école, toutes les nationalités se coudoyer. Il y avait des Françaises, des Italiennes, des Allemandes, des Autrichiennes, des Grecques, des Russes, des Arméniennes, des Bulgares, des Turques. Mais à l'école française, tout le monde était français, même le fils du directeur de la douane, jeune musulman qui se fâchait tout rouge quand on lui disait : « Tu n'es pas Français! » Les sœurs travaillent de toute leur âme à l'éducation intellectuelle, morale et religieuse de ce petit peuple hétérogène.

Une route, tracée par les Français en 1909, sépare l'hôpital de l'école. Cet hôpital est admirablement situé sur un plateau qui domine la mer Noire. Sans se déranger, on jouit d'une vue splendide sur le port; les couchers de soleil sont superbes, mais rien n'est beau comme la mer démontée. Sans les accidents qui en résultent, on souhaiterait des tempêtes. On n'a pas idée des trésors de colère que la mer Noire peut cacher dans ses flots. Quand tout à coup sa fureur éclate, les vagues s'élèvent en creusant des abîmes qui ressemblent à des gouffres d'encre. Dans ces heures de tourmente, la mer Noire porte bien son nom.

Il y a, à l'hôpital, des malades de toutes nationalités,

BORDIGHERA (ITALIE)
LA PLAGE - LA MER - PENSIONNAT DES SŒURS DE SAINT-JOSEPH

mais l'élément turc domine. Les Turcs sont de grands enfants méfiants et farouches pour commencer, mais qui s'habituent très vite et deviennent très dociles. Les Turcs sont reconnaissants, ils énumèrent à leurs parents, à leurs amis tous les soins dont on les entoure. Ils appellent les sœurs « Mama ». « Reste avec nous, disent-ils, tu es notre mère ; quand tu nous regardes, nous sommes tous bien ; quand tu n'y es pas, c'est mauvais pour nous. » C'est aux sœurs qu'ils font leurs plaintes sur les infirmiers et sur les remèdes : « Parle au docteur, leur disent-ils, à toi il accordera tout. »

Sûrement elles parlent au docteur, mais c'est à Dieu aussi et surtout qu'elles parlent de leurs malades ; elles lui en parlent, sans se lasser, car leur grande peine, c'est de pouvoir trop peu de chose pour ces âmes. On ne convertit pas un Turc, mais tout doucement on lui donne une mentalité chrétienne, et on le met dans des dispositions de repentir et d'amour qui peuvent, espérons-le, suppléer à ce qui lui manque. Dans leur fanatisme ils prétendent qu'à la mort, la vue d'un chrétien entrave leur bonheur et que Mahomet refuse de les recevoir tant que ce chrétien est là. Aussi, malgré la peine qu'elles en éprouvent, les sœurs se retirent dès qu'un Turc entre en agonie, pour ne pas l'inquiéter. Dans un tel moment, la prière vaut mieux encore que la présence.

Le travail est très pénible à l'hôpital, parce que les accidents sont nombreux et souvent très graves. On apporte des hommes vivants qu'il faut dépouiller de leur peau brûlée, malgré les hurlements de douleur de ces pauvres patients qu'on torture dans l'espoir de leur sauver la vie. Celles qui n'avaient eu jusque-là qu'à s'occuper de classe sentent parfois leur cœur bondir ; mais il faut que ce cœur soit aussi fort que tendre, sans cela elles n'auraient pas le courage de continuer pendant des mois à peler et à laver au savon de pauvres êtres écorchés vifs qui hurlent de douleur, mais auxquels on conserve la vie.

Si au moins ces pauvres malheureux savaient utiliser leurs souffrances! Les sœurs les offrent bien au bon Dieu à leur place, mais si la volonté des intéressés ne se mêle pas à la leur, tout est perdu. Quel dommage! Priez pour eux!

Bref! Zongouldak serait charmant sans la difficulté des langues, les colères de la mer Noire et les redoutables sournoiseries du grisou. Priez, priez pour leurs victimes!

CHAPITRE XIV

L'Arménie

Amasia. — Vers la fin du xixe siècle, les missions d'Arménie furent imposées aux jésuites par Sa Sainteté le pape Léon XIII.

« Le soldat ne discute pas sa consigne, » a écrit le R. P. de Damas, fondateur de la Mission. C'est pourquoi, en 1881, malgré des difficultés prévues d'avance, les Pères de la Compagnie de Jésus commençaient l'évangélisation des provinces de l'Asie Mineure.

Dix ans après, les religieuses de Saint-Joseph, appelées à seconder le zèle de ces infatigables apôtres, ouvraient des maisons à Sivas, Césarée, Adana. En 1905, les expulsions du Gouvernement français jetèrent des renforts aux Missions d'Arménie. On put dès lors créer à Amasia un nouveau centre d'apostolat et commencer, dans les villages, de fructueuses courses apostoliques.

Soixante ans avant l'ère chrétienne, le célèbre géographe Strabon faisait la description d'Amasia, admirablement disposée par l'art et par la nature pour servir tout à la fois de ville et de forteresse.

« Aujourd'hui rien n'est changé, si ce n'est que palais et forteresse sont en ruines, mais encore reconnaissables.

« L'Iris coule toujours au pied du roc principal. Un mur construit sur ses bords, soutient les terres. Des maisons s'y groupent en amphithéâtre. Au-dessus d'elles, courent de longs murs dont les assises inférieures sont d'un bel appareil hellénique.

« La situation du palais était merveilleusement choisie, assez près de la ville pour que l'accès en fût aisé, assez élevé pour jouir de l'air et de la fraîcheur. De leur terrasse, les rois voyaient couler le fleuve; à leur droite et à leur gauche, deux échappées de vue leur laissaient contempler des vallées fertiles; devant eux, des rochers se déployaient en hémicycle et les maisons d'un faubourg, entrecoupées de jardins et d'arbres fruitiers, s'y étageaient avec grâce. En cas d'invasion, un souterrain maintenait leur communication avec le fleuve, et un chemin taillé dans le roc leur permettait d'atteindre une citadelle imprenable.

« Les tombeaux des rois, creusés au flanc du rocher, sont d'une originalité saisissante. Au lieu de se faire inhumer dans un de ces souterrains sur lesquels on élevait plus tard un obélisque ou l'une de ces statues que la tempête ronge quand elle ne les renverse pas, les princes d'Amasie voulurent avoir pour mausolée des montagnes. Ils firent creuser leur lit de repos dans la paroi du rocher abrupt, à quelques pas de leur palais. L'escarpement était si fort que, pour travailler, les ouvriers étaient obligés de se faire descendre par des cordes du sommet de la montagne et se tenir suspendus dans le vide. Ainsi placés, ces tombeaux frappent sans cesse les yeux et redisent de siècle en siècle le nom des princes d'Amasie.

« Amasie est une ville qu'on n'oublie pas, tellement son aspect est saisissant. Le voyageur, de quelque côté qu'il y accède, a longé les rives de l'Iris, que les Turcs appellent le *fleuve vert*, à cause de la multitude d'arbres fruitiers qui se reflètent dans ses eaux. Tout à coup, il voit la vallée se resserrer et puis, entre deux rocs, à travers lesquels se précipite le fleuve, lui apparaît la ville sur le penchant d'un immense rocher circulaire qui la domine de tous points. Il n'a vu cela nulle part. Il ne le reverra plus [1]. »

---

1. R. P. de Damas, jésuite, fondateur des Missions d'Arménie.

Les sœurs de Saint-Joseph s'installèrent à Amasia en 1905. Ce fut pour elles une consolation d'apprendre que saint Pierre, après avoir établi un évêque à Antioche, vint, avec son frère André, en donner un à Amasia.

Comme partout et plus peut-être qu'ailleurs, les débuts, pour les sœurs, furent pénibles; il fallut lutter, travailler et souffrir. Toutes se mirent courageusement à l'œuvre, faisant à Dieu la confidence de leurs peines.

Elles ouvrirent une école où l'on enseigna : le turc, langue officielle; l'arménien, langue nationale; le français indispensable pour les rapports commerciaux. On y annexa une salle d'asile et un dispensaire qui reçut, de septembre 1905 à mars 1906, quatre mille huit cent quatre-vingt-six visites. Elles firent en plus 455 visites à domicile et administrèrent 61 baptêmes, sans compter les visites et les baptêmes dans les villages.

Dans ces visites à domicile, la sœur hékim (médecin) rencontre beaucoup de sympathie; si les souhaits faits pour elle se réalisent, la sœur sera encore sur la terre à la fin du monde, ce qu'elle ne désire pas. Cependant tout en formant le vœu de la garder éternellement sur la terre, les Turquesses souhaitent très vivement de la voir au ciel : « Que tu ailles au ciel, toi. Si tes compagnes se perdent tant pis, mais toi du moins que tu sois à nos côtés! » Voilà ce qu'elle entend.

Pour que ce vœu se réalise, la sœur tâche de faire naître, dans l'âme de ses malades, des sentiments de charité parfaite, l'amour remplace tout. Mais on le voit mieux tous les jours, comme moyen d'apostolat rien ne vaut le dispensaire et la visite des malades.

Les habitants d'Amasia vivent en partie de ce qu'ils récoltent; le terrain est fertile, les fruits abondants; ils sont renommés. C'est d'ailleurs de ces contrées que le général romain, Lucullus, nous a apporté la cerise. C'est de ces contrées aussi que César, après sa victoire sur Pharnace,

écrivit au Sénat : « Je suis venu, j'ai vu, j'ai vaincu ! »
Le champ de bataille est maintenant un champ de foire.

Terminons par un mot d'enfant : Après une leçon de catéchisme, sur Dieu présent partout et auquel on ne peut rien
cacher, au sortir de la classe, la maîtresse dit à l'une des
élèves : « Surveillez les rangs ! » Une voix s'élève : « Pas
besoin, ma sœur, le bon Dieu regarde ! »

Sivas. — Sivas n'était autrefois qu'un rocher dominé par
une forteresse, au pied de laquelle les Romains battirent
Mithridate. Sur l'emplacement de la victoire, une ville prit
naissance ; Pompée la baptisa *Diospolis* ou « Ville de Jupiter ».
La reine de Pont s'en empara et l'appela Sébaste. Ce nouveau
nom fut illustré par les quarante martyrs. On voit encore,
au sortir de la ville, la trace de l'étang glacé sur lequel ces
généreux chrétiens avaient été condamnés à passer la nuit,
c'est-à-dire à mourir de froid. Tout près, on voit aussi le
bain chaud dans lequel l'un des quarante se précipita pour
sauver sa vie et mourut suffoqué, en pleine apostasie. Par
l'imagination, on complète la scène. On voit l'ange apporter
les quarante couronnes, alors qu'il n'y a plus que trente-neuf
martyrs, et l'on se sent ému en face de la sentinelle qui se
dépouille de ses vêtements, s'étend à la place du lâche et
reçoit la palme et la couronne destinées à un autre.

Après avoir vaincu le sultan Bajazet, Tamerlan, roi des
Mongols, brûla Sébaste en l'an 1400. La ville reconstruite
changea encore de nom, on l'appela Sivas. Elle est très
pauvre et l'on y souffre d'autant plus que les hivers y sont
très rigoureux. Celui de 1911 a fait de nombreuses victimes.
Durant ces mois terribles qui commencent en novembre,
Sivas est enseveli sous la neige, et le froid est tel qu'on ne
peut rien toucher sans éprouver des effets de brûlures.

Le P. Supérieur disait : « L'hiver de Sivas est l'un des bras
de la croix. » On peut ajouter : et le typhus est l'autre bras ;
il règne là à l'état endémique. En 1911, après les nombreuses

victimes du froid, il y eut les innombrables victimes du typhus. C'était le cas de dire :

Ils n'en mourraient pas tous, mais tous étaient frappés [1].

Jugez de l'épouvante quand, après le typhus, parut le choléra !... Dès l'apparition de

..... ce mal qui répand la terreur [2].

le gouverneur de la ville prit des mesures qui ajoutèrent encore à l'horreur du fléau. Un cas de choléra était-il constaté dans une maison, aussitôt les gendarmes en gardaient l'accès ; personne ne pouvait plus ni entrer ni sortir. Souvent plusieurs ménages habitaient dans la même cour ; atteints ou non, tous étaient séquestrés, et les bien portants se trouvaient réduits à faire descendre une corbeille par la fenêtre pour s'approvisionner de nourriture.

Tant de souffrances réclamaient soulagement. Les sœurs de Saint-Joseph demandèrent aux gardiens de lever pour elles la terrible consigne. Elles furent brutalement repoussées. Personne n'avait le droit de porter secours à ces malheureux.

Elles sollicitèrent alors en haut lieu l'autorisation d'assister les cholériques, et cela avec d'autant plus d'ardeur que les Pères jésuites avaient trouvé un remède qui, pris à temps, guérissait le malade. L'autorisation ne vint pas. Ce que voyant, elles allèrent quand même, usant de ruse pour entrer dans les maisons contaminées et aussi pour en sortir. Plusieurs fois elles furent enfermées avec les victimes. Un jour, elles parvinrent à couper la corde qui condamnait la porte ; un autre jour, dans leur trousseau de clés, elles en trouvèrent une qui leur permit d'ouvrir. Elles durent aller jusqu'à escalader des murs et à pénétrer par le toit, pour assister ces pauvres souffrants.

Les médecins et les pharmaciens qui se tenaient prudemment à distance, étaient surtout hostiles au dévouement des

1, 2. La Fontaine, « Les Animaux malades de la peste ».

sœurs. Ils allèrent jusqu'à soudoyer une députation auprès du Vali. Peu s'en fallut que le soin des malades leur fût formellement interdit. Une observation fut faite, à ce sujet, au consulat de France ; mais le consul parla si chaudement en faveur des missionnaires français que l'interdiction ne vint pas. L'on put ainsi en sauver un grand nombre et aider les autres à mourir.

Durant cette terrible épidémie, les jésuites et le vartabeth, prêtre arménien catholique, ont été d'un dévouement inlassable. Le Père supérieur ne se contentait pas de visiter les malades et d'indiquer les remèdes, il les appliquait lui-même ; ce qui lui valut la consolation de voir de magnifiques retours à Dieu.

Le Gouvernement français, qui persécute chez lui ceux qui se donnent, les apprécie quand ils sont loin. Il l'a prouvé une fois de plus en décernant des médailles d'or aux jésuites et aux sœurs de Saint-Joseph, et en donnant aux journaux de France l'occasion de parler de leur héroïsme qui ne surprend personne.

Dix-huit ans plus tôt, le choléra avait fait à Sivas des ravages terribles ; pour une population de soixante mille âmes, on comptait deux cents décès par jour ; mais l'épidémie ne dura pas longtemps. En 1911, la mortalité quotidienne n'a guère dépassé trente, mais elle a duré de longues semaines et a ouvert bien des tombes dans le cimetière arménien.

Ce champ de repos se trouve derrière l'étang des quarante martyrs et renferme leurs tombes. Chacune d'elles est recouverte d'une pierre plate ; l'une de ces pierres est disposée en forme d'autel ; on y célèbre quelquefois le Saint-Sacrifice. Ce vaste enclos est entouré d'un mur. A l'entrée se trouve une petite chapelle dans laquelle on fait une prière pour le défunt, car, à part les hauts personnages que l'on entre à l'église, les morts sont portés directement au cimetière. On ne met point de croix sur les tombes, les Turcs les profaneraient. Le long du mur se trouve, pour les pauvres, une large fosse commune; c'est là que furent ensevelis les centaines de massacrés de 1895.

Siyas possède aussi le tombeau de saint Blaise, mais il n'appartient pas aux catholiques. Les chrétiens y vont en pèlerinage; les Turcs eux-mêmes le vénèrent.

Quant aux cimetières turcs, ils sont interminables et entourent toute la ville. Impossible de sortir de Sivas sans fouler d'innombrables tombes, sur lesquelles on ne voit aucun insigne religieux.

Avec un peu d'hygiène, le peuple oriental échapperait à bien des fléaux. Et l'hygiène serait facile car, si l'on est pauvre en bien des choses à Sivas, on est du moins riche en eau; même on en use. C'est inconcevable ce qu'on lave et ce qu'on se lave dans ce pays, quand on s'y met. Tous les huit jours, tout au moins tous les quinze, hiver comme été, on va au bain; et alors c'est un frottage qui dure l'après-midi. Linge de corps, robes, châles, manteaux, tout y passe. Au bain, on fait sa toilette comme il faut, mais on ne la fait que là et l'on oublie trop les parasites qui peuplent les cheveux et la maison. Les sœurs ont six cents élèves; leur apprendre à se laver et à se peigner, n'est pas leur moindre besogne.

Le fleuve [1] qui traverse la ville a près de cent mètres de large, mais il n'est pas très profond, et c'est là dedans qu'on jette les détritus de tout nom et de toute espèce. Étonnez-vous, après cela, de tant d'épidémies!

Quand on voyage, en Orient, on rencontre de longues files de cinquante, soixante chameaux reliés entre eux par une petite chaîne; chargés de lourds et précieux fardeaux, ils marchent posément l'un derrière l'autre; un âne ouvre la marche, car ils ne savent pas se diriger.

A Sivas, les gens marchent ainsi majestueusement les uns derrière les autres, comme les chameaux; la rue n'est pas

1. Le Kizil-Irmak.

large pour deux. Les sœurs se voient forcées de faire comme les autres, mais elles savent se conduire et combien vite les rues se trouveraient élargies, les guenilles supprimées, les maisons assainies, si elles avaient quelque pouvoir. Alors on verrait moins de typhus et de choléra dans la ville.

Sivas se trouve au croisement des routes de caravanes vers la mer Noire, l'Euphrate et la Méditerranée; après avoir visité rapidement les neuf classes, la salle d'asile et le dispensaire, prenons la troisième de ces routes, elle nous conduira à Césarée en Cappadoce.

Césarée. — Le mont Argée, de 4000 mètres d'altitude, est une ramification du Taurus. Au pied de ce mont, sur une haute plaine se trouvent les ruines de Kaïsarieh, l'ancienne Césarée, détruite par un tremblement de terre. La Césarée actuelle est à quelques centaines de mètres de ces ruines; elle a été construite, sur les bords de l'Halys, avec les débris de la cité antique. Le cimetière domine toute la ville. Ce champ de repos, sans croix, au milieu duquel paissent tranquillement les troupeaux et où les enfants jouent à cache-cache, n'inspire pas grand respect; il est encombré de roches volcaniques lancées autrefois par l'Argée, volcan éteint depuis longtemps et, en toute saison, coiffé de neige.

Quand, de cette hauteur, les religieuses de la congrégation lyonnaise de Saint-Joseph que nous retrouvons là, contemplent au-dessous d'elles la ville tout entière, elles se jetteraient volontiers à genoux.

C'est que Césarée n'est pas une ville quelconque. C'est dans ses murs qu'en 329 naquit saint Basile le Grand, l'un des Pères de l'Église grecque que ses ouvrages ont placé au premier rang des écrivains. C'est là qu'il vécut en si belle amitié avec saint Grégoire de Nazianze. Là qu'il donna de brillantes leçons, après s'être formé aux belles-lettres dans la célèbre école d'Athènes. C'est là qu'il défendit sa foi contre les ariens, là que, menacé d'exil s'il n'embrassait l'hérésie, il répondit au préfet de l'empereur Valens :

« Je ne crains pas l'exil, toute la terre est à Dieu ! »

Comme l'histoire se répète !... Ah ! certes les sœurs de Saint-Joseph le savent bien que toute la terre est à Dieu ! Au milieu de l'hérésie, du schisme, du paganisme, elles se sentent chez elles, parce qu'elles sont chez leur Père des cieux.

Les voilà donc qui vont vivre dans la patrie de saint Basile et de son frère, saint Grégoire de Nysse, un autre Père de l'Église grecque. Ceci leur vaudra d'avoir toujours double fête ; car tout en suivant le rite romain avec les jésuites, elles prendront part aux solennités des catholiques orientaux qui tombent douze jours après celles de Rome, les calendriers n'étant pas les mêmes.

Si Césarée a une belle histoire, hélas ! elle n'a point d'industrie ; le Croissant n'a semé nulle part la splendeur et la richesse. Les pauvres abondent dans cette ville ; ils logent tous dans un même quartier. C'est de ce côté que le cœur des missionnaires s'est porté tout d'abord. Les malades ne manquaient pas ; elles les ont soignés.

Après les pauvres, les riches sont venus ; tous eurent bientôt, dans leurs remèdes, une confiance absolue, et vraiment les résultats obtenus justifiaient cette confiance. Le secret de ces guérisons, c'est que le Ciel était de leur côté. Des remèdes... tout le monde peut en donner. Mais Dieu seul donne l'efficacité aux remèdes.

Quant aux quartiers musulmans, les sœurs durent attendre longtemps avant d'y pénétrer, et quand les Pères crurent qu'elles le pouvaient sans danger, elles ne s'y hasardèrent pas seules, un *zaptié*, soldat turc qu'elles devaient payer, les accompagnait. Ces courses apostoliques revenaient très cher, mais la dépense ne dura pas, le *zaptié* fut bientôt inutile ; on désirait les sœurs, on les appelait, on venait les chercher ; elles n'avaient plus rien à craindre.

Leur joie fut grande de promener la croix dans ces quartiers où elles s'enfonçaient de plus en plus, en se recommandant à tous les saints du ciel et en leur recommandant les malades. Aux grands, elles donnaient des remèdes et aux petits, des passe-ports. Que d'anges elles ont envoyés au ciel! De chacun d'eux elles faisaient le protecteur invisible, mais réel de son quartier; chaque rue avait le sien, chargé de parler à l'âme des malades et de conduire les sœurs près de leurs petits frères sur le point de mourir. Ces petits bienheureux se sont toujours acquittés parfaitement de leur charge.

Ces visites à domicile font un bien très grand. Quelques piastres données à propos, un bon conseil, une marque d'affection produisent plus d'effet que dix catéchismes. Ce qui surprend les sœurs, c'est la facilité avec laquelle elles comprennent et se font comprendre au milieu de cette pluralité de langues. La population prétend même que le turc est plus joli quand ce sont elles qui le parlent.

A Césarée, les sœurs *médecins* ont fait accepter partout et par tous les sœurs *institutrices*. Elles avaient dans leur école à elles, quatre cent vingt à quatre cent cinquante élèves qui suivaient les classes de français, de turc, d'arménien. De plus, l'évêque arménien catholique de Césarée, très noble et très saint personnage, avait, lui aussi une école et c'est aux sœurs de Saint-Joseph qu'il en confia la direction.

Les sœurs avaient encore, dans trois quartiers les plus populeux de la ville, un patronage fréquenté chaque dimanche par deux cents femmes, qui apprenaient à lire, à écrire, à prier, à connaître la religion, elles étaient là d'une heure à cinq.

Il va sans dire que Césarée avait son dispensaire. Les maux d'yeux y affluent, résultat des nuits passées sur les terrasses. L'été, dans la journée, le soleil est brûlant; dès que le jour baisse, on monte sur le toit de sa maison pour respirer un peu; en même temps qu'on respire, on peut étudier de là les mœurs du pays. Partout les terrasses sont couvertes de monde, pourtant on n'entend aucun bruit. C'est dans un silence parfait que ceux-ci prennent leur repas, que ceux-là organisent leurs couchettes, que ces autres font leur toilette. Tenez, voilà toute une famille livrée à cette occupation : la mère a dans les mains les cheveux de sa fille aînée, l'aînée, ceux de la cadette, la cadette ceux de la troisième et la troisième ceux de la quatrième. Placées les unes derrière les autres, ces femmes, armées d'un peigne, s'étrillent mutuellement. Cela fait, chacune devra natter les soixante à soixante-dix petites tresses qui composent la coiffure du pays; après avoir natté, chacune devra attacher, à chacune de ces tresses, les pièces métalliques qui en sont l'ornement. C'est un très long travail, mais il ne se renouvelle que tous les trois mois; les autres jours... on se gratte!

Les sœurs essayent d'amener leurs élèves à comprendre qu'il y a quelque chose de plus agréable que de se gratter, mais ce n'est pas facile. C'est que, voyez-vous... se gratter... c'est la mode!... Alors!... Devant la mode, il n'y a qu'à s'incliner.

Laissons-les donc à leurs occupations et reprenons la route que nous avons suivie de Sivas à Césarée; elle nous conduira de Cappadoce en Cilicie, jusqu'à la communauté d'Adana. Le voyage sera pénible; les charrettes sans ressort, qui devront rouler à travers des pays sans routes, sur des pentes trop glissantes ou des montées trop raides pour que vous puissiez vous y maintenir, ne trouveront pas de pont pour passer les rivières; les chevaux devront les traverser avec de l'eau jusqu'au poitrail; si les chevaux refusent d'avancer avec leur charge, c'est vous qui devrez vous enfoncer dans l'eau et vous en tirer comme vous pourrez. Vous resterez sept jours dans cet inconfortable attelage et vous ne passerez de Cappadoce en Cilicie qu'en franchissant les Portes Ciliciennes, seul passage que présente le Taurus. Entre deux sommets couronnés de neige, vous aurez un semblant de sentier et la largeur du fleuve, le Cydnus qui arrose

Tarse, patrie de saint Paul. Alexandre le Grand a passé par là, on en est sûr, puisqu'il a failli perdre la vie pour s'être baigné dans les eaux glacées de ce fleuve. Les Croisés y ont passé aussi; ils ne pouvaient pas passer ailleurs, il n'y a pas d'autre issue, et puis, le moyen d'en douter quand on se rappelle qu'en 1190 un de leurs chefs, Frédéric Barberousse, s'est noyé dans le Cydnus. Quand on pense que, sans moyen de locomotion, nos aïeux ont pu arriver jusquelà, eh bien! vrai, on est fier d'eux!...

Une fois ce défilé franchi, nous serons dans la riche plaine de Cilicie; vous verrez, en la traversant, des champs de blé, de cotonniers, de canne à sucre; vous verrez de la vigne, des orangers, des mûriers, des palmiers et enfin nous arriverons à Adana, où les sœurs de Saint-Joseph seront ravies de nous recevoir.

Nous les trouverons dans leur ruche bourdonnante, entourées d'élèves vives, espiègles, intelligentes, qui vous parleront facilement quatre ou cinq langues; mais nous n'aurons pas le plaisir de les écouter; le temps presse; nous sommes en 1908, de graves événements se préparent dans toute la Turquie d'Asie.

A Césarée que nous venons de quitter, les Turcs de l'ancien régime se sont rendus au sérail, demandant avec cris et menaces la démission du Mutessarif. S'ils l'obtiennent, ils envahiront les marchés et pourront tuer et piller à leur aise.

Si nous étions restés quelques jours de plus à Césarée, vous auriez vu, à l'annonce de la démarche des Turcs, les magasins se fermer et les chrétiens prendre la fuite en criant : « On va nous couper!... On va nous couper!... »

On ne s'imagine pas, en France, l'horreur de pareils moments; mais les sœurs se souviennent des massacres de 1895. Elles n'ont pas oublié ces journées horribles durant lesquelles, à Sivas, les Turcs jouaient aux boules avec des têtes d'hommes. Elles n'ont pas oublié Moustaffa, le brave musulman qui, à la première annonce de l'émeute, arrivait tout en larmes près de la supérieure de Césarée : « Tu m'as guéri quand j'étais malade, lui disait-il; je viens pour te garder. Personne ne te fera de mal sans qu'il le paie de sa tête. »

En 1908, l'énergie du Gouverneur, les dépêches expédiées à Constantinople, les soldats venus d'Angora maintiendront l'ordre jusqu'au jour où l'on apprendra que le sultan est détrôné et que Mahomet V le remplace. Les Césariotes en seront quittes pour une panique, la paix sera maintenue. Nous allons voir qu'à Adana, les choses finissent moins bien.

CHAPITRE XV

Les massacres d'Adana

Les massacres d'Adana appartiennent à l'histoire de la congrégation, aussi bien qu'à l'histoire d'Arménie. Nous en ferons un résumé rapide.

Sachons d'abord qu'Adana, situé à proximité du golfe d'Alexandrette, dans la Méditerranée, a pour population un mélange de Turcs, d'Européens et de chrétiens de différents rites. Quand les sœurs de Saint-Joseph arrivèrent dans cette ville, les enfants des meilleures familles se présentèrent aussitôt. On dut, pour commencer, ouvrir un pensionnat avec des externes payantes. L'école gratuite ne tarda pas à s'ouvrir à son tour; puis un orphelinat et un dispensaire. Les classes étaient pleines d'enfants quand les massacres éclatèrent, voici à quelle occasion :

La nouvelle constitution turque, proclamée après l'avènement de Mahomet V, en août 1908, avait mis les Arméniens en état d'effervescence. Ce petit peuple, réduit presque en esclavage par la Porte, espérait reconquérir son indépendance. Des hymnes patriotiques, des marches triomphales acclamaient « la Jeune Arménie ». Si bien que les Turcs exaspérés, pour exterminer quelques meneurs, se ruèrent sur la nation entière et en firent une véritable boucherie.

Un incident donna le signal du massacre. Trois Turcs arrêtèrent un jeune Arménien et le sommèrent de les saluer. Il refusa. Les Turcs lui tombèrent dessus et le frappèrent;

MISSION DU MADURE (INDES ANGLAISES)
DANS SON VÊTEMENT BLANC, NÉCESSITÉ PAR L'ARDEUR DU CLIMAT, UNE SŒUR DE SAINT-JOSEPH
ADMINISTRE LE BAPTÊME A UN ENFANT MOURANT

ils allaient l'assommer quand, pour se défendre, le jeune homme prit son revolver, tira sur eux, en blessa un et tua les deux autres. C'est le lendemain de l'enterrement qu'à un signal donné le massacre commença à Adana et dans les villages d'alentour. C'était le 14 avril 1909, vers onze heures du matin.

Cinq minutes ne s'étaient pas écoulées que les Arméniens arrivaient affolés chez les sœurs. A la fin de la journée, ils étaient plus de deux mille dans la maison. Les coups de fusil se répondaient dans les rues; les malheureux tombaient comme des mouches; des fenêtres du dortoir, on les voyait étendus sur le pavé.

A partir de ce moment le pillage commence; le bazar, les boutiques, tout est dévasté. Les balles sifflent autour de la maison des sœurs; parmi les réfugiés, la panique est indescriptible. A certains moments, la fusillade se précipite; leur terreur est alors à son comble. Ils s'entassent comme des harengs et ne soufflent plus mot. Ils sont là combien? Les compte qui pourra : douze salles sont pleines, les cours, les corridors, tout est bondé.

Point de crépuscule pour Adana, la lumière de l'incendie succède à la lumière du jour. Des terrasses ont été imbibées de pétrole, des ouvertures pratiquées pour jeter dans les maisons des matières inflammables. Le feu cerne le couvent de toute part et quel feu! La ville est littéralement entourée de flammes.

Au Collège des jésuites, même envahissement que chez les sœurs. Les fugitifs entrent par les murs, par les portes, par les fenêtres; on estime leur nombre à huit ou neuf mille. Chez les uns comme chez les autres, tous sont désarmés en entrant.

Pour contenir tout ce monde, il ne restait à la Résidence que le P. Rigal et le P. Tabet. Le P. Supérieur qui s'était rendu à Mersine pour ramener les élèves, à la fin des vacances de Pâques, fut deux jours sans pouvoir rentrer. Quant au

P. Sabatier et au P. Benoît, ils avaient couru à Saint-Joseph, pour protéger les sœurs, dès le commencement du danger.

Il faut savoir qu'en Turquie, toutes les fois que des massacres sont décrétés contre les chrétiens, pour en assurer l'exécution, on fait appel aux volontaires, les *Bachi-Bouzoucks*, qui accourent de tous pays. Cette armée de circonstance, ramas de bandits, de voleurs, d'assassins, sans discipline, sans uniforme, est capable de tout. Ceci explique les horreurs qui se commettent dans ces hideuses guerres civiles. Toute liberté est accordée aux *Bachi-Bouzoucks*, à moins que les soldats de l'armée régulière ne s'opposent à leurs désordres.

Pendant que les pillards chargent leur butin et le dirigent, avec les bestiaux, du côté du Taurus, où plus tard se fera le partage, les bandits circulent par bandes, traînant après eux des pompes à pétrole.

Mécontents de l'hospitalité que les sœurs donnent aux Arméniens, les *Bachi-Bouzoucks* tirent sur leur maison. Il y a maintenant danger pour elles, mais comment refuser un abri à des malheureux traqués comme des bêtes fauves.

Pour se rendre compte de ce qui se passe, le P. Sabatier monte sur la terrasse. A peine la petite porte qui y conduit est-elle ouverte qu'une balle frappe le Père au côté droit. On s'empresse de soigner le blessé. Un docteur protestant, qui se trouvait parmi les réfugiés, le panse; il dit : « C'est miracle que le péritoine n'ait pas été emporté. »

Au parloir, à l'orphelinat, dans les salles, les balles traversent les murs; l'une d'elles vient s'aplatir à côté d'une sœur et d'une orpheline. Une autre perce la fenêtre du dortoir dans lequel reposait une sœur qui avait veillé toute la nuit. Une autre encore traverse le volet de la chapelle, casse un carreau, perce un banc, frôle le mur qu'elle dégrade et rebondit dans le confessionnal.

Sans Consul, sans soldats, les sœurs sont en plein danger. La supérieure écrit au Vali pour lui demander protection.

La lettre faite, elle cherche quelqu'un pour la porter; même à prix d'argent, personne ne veut s'en charger. La lettre attend; les sœurs se fient à la Providence.

Le soir, les incendies reprennent avec plus de violence et la fusillade continue; on n'épargne que les quartiers marqués du mot : « Islam! »

Le vendredi, 16 avril, les sœurs sont en face de trois fléaux : le fer, le feu, le pillage, quand on leur annonce que dix mille fellahs se précipitent sur la ville. On arbore le drapeau français.

Le P. Benoît qui s'est rendu compte que le feu enserre de très près la maison, dit aux sœurs : « Le péril est extrême; je vais consommer les saintes espèces; vous, allez, faites prier en commun vos réfugiés; exhortez-les au repentir de leurs péchés et dites-leur que je vais leur donner une absolution générale. »

Les sœurs groupent, d'un côté les hommes, de l'autre côté les femmes; chacun s'excite au regret de ses fautes et le Père donne l'absolution pendant que les étincelles tombent sur la maison et que la fumée l'envahit. Les balles sifflent et les réfugiés prient avec une ferveur qu'on n'a pas besoin d'aviver. Les protestants, aussi bien que les catholiques, les bras en croix, répètent sans interruption : « Jésus, Marie, Joseph sauvez-nous! Cœur Sacré de Jésus, j'ai confiance en vous! Cœur Sacré de Jésus, ayez pitié de nous! »

Pendant que sur ce point l'on prie, d'un autre côté de la maison, la supérieure, du geste et du regard, contient les voisins d'en face, prêts à tirer sur les Turcs. « Ne tirez pas, crie-t-elle, où nous sommes perdus. » Ils obéissent, heureusement. Un seul coup, et c'en était fait; car, ce jour-là, la maison des sœurs était sur la liste de celles qu'on devait brûler. L'un des bandits s'apprêtait à y mettre le feu, en disant : « Il faut brûler celle-ci. — Non, répond un autre, les sœurs sont bonnes, elles nous donnent de bons remèdes quand nous sommes malades. » Et pour cette fois la maison est épargnée. Mais le danger grandit. Le P. Sabatier, ne voyant plus de salut possible, dit à la supérieure : « Emmenez les sœurs à Saint-Paul. » (C'est la résidence des jésuites.)

Les sœurs n'étaient pas contentes. S'il fallait mourir, elles auraient voulu mourir au poste. Pourtant il fallait obéir. On résolut d'emmener les réfugiés. Mais les réfugiés ne voulaient pas sortir, leur frayeur était insurmontable et ils s'obstinaient à rester dans la maison aussi longtemps qu'elle tiendrait debout.

Il fut donc décidé que les sœurs partiraient seules avec le P. Sabatier. Elles étaient sur le point de sortir quand arrive le P. Rigal : « Ne partez pas, dit-il; soumission complète aux ordres de Dieu, la Providence est avec nous. »

C'est que la sortie n'était plus possible; les bandits arrivaient. On ne tarda pas à les entendre. Aussitôt les réfugiés recommencent leurs prières, récitent avec les sœurs l'acte de contrition; le P. Benoît donne à cette foule frémissante une seconde absolution. Tous sont prêts à mourir.

« Mes sœurs, dit alors la supérieure, je ne vous y oblige pas, mais j'invite celles qui ont du courage à venir avec moi occuper un poste d'honneur. »

Toutes les sœurs s'élancent à la suite de leur mère. Elles se groupent devant la porte, non plus pour fuir, mais pour recevoir les massacreurs. L'intention de la supérieure est de ne pas leur résister; s'ils frappent, elle ouvrira. Peut-être que, se voyant en face de religieuses françaises, ils renonceront à leurs projets sanguinaires. En tout cas, s'ils veulent absolument la vie de ceux qu'elles ont abrités, c'est par elles qu'ils commenceront.

Le P. Benoît s'était, lui aussi, placé devant la porte. A haute voix, les sœurs renouvellent leurs vœux de religion; dans leur cœur, elles envoient un adieu suprême à leur chère famille religieuse, à leurs parents, à leurs amis, à la France et se disposent à mourir.

On frappe. Un frisson secoue tous les corps. Le P. Benoît

et la supérieure posent en même temps la main sur le loquet. Le P. Benoît franchit le seuil; les sœurs le suivent... Lui et elles se trouvent en face de plusieurs centaines de soldats armés. Mais ces soldats venaient pour les défendre, non pour les massacrer...

Voici ce qui s'était passé. Le matin, au collège des jésuites, pendant que la terreur était à son comble parmi les réfugiés, les Pères arboraient sur leur établissement, avec le drapeau français, le drapeau de la paix et des pourparlers; puis ils rédigeaient une supplique au Vali pour lui demander du secours.

Ces soldats étaient la réponse du Gouvernement turc. C'était l'armée régulière qui venait les mettre à l'abri des cruautés des Bachi-Bouzoucks.

Le chef descendit de cheval, serra la main à la supérieure et à plusieurs des religieuses; mais un officier défiant entr'ouvrit la soutane du P. Benoît pour voir s'il n'avait pas d'armes. Le Père, tirant de sa poche son grand crucifix le lui présenta avec une sérénité admirable. « Ami, dit-il, voici l'arme d'un prêtre! »

Les chefs assurèrent immédiatement la protection de la maison et de ceux qu'elle abritait. Les soldats éteignirent le feu qui était sur le point de dévorer la chapelle; des sentinelles gardèrent les portes et, pour engager les adversaires à cesser la lutte, les chefs demandèrent aux deux jésuites de les accompagner dans les quartiers où l'on se battait. C'était exposer leurs vies, mais les Pères acceptèrent, dans l'espoir de faire cesser cette horrible tucrie.

Sur le parcours, les Turcs firent comprendre aux soldats qu'ils n'étaient pas contents de cette protection accordée aux chrétiens.

La troupe se rendit d'abord devant deux mosquées, où les bandits armés se trouvaient réunis. Le P. Benoît leur adressa des paroles de paix et serra la main aux principaux d'entre eux. De là, on se rendit au collège des jésuites pour rassurer les réfugiés qui se trouvaient tellement entassés dans les salles que des enfants furent étouffés. Le P. Sabatier, celui qui avait été blessé, resta avec ces malheureux pour les tranquilliser; le P. Benoît continua sa route avec les soldats, à travers les cadavres étendus dans les rues. On le conduisit ainsi semer des paroles de paix dans les différents quartiers de la ville, puis au Konak, la préfecture, où les soldats l'acclamèrent.

Il se produisit un calme relatif; mais, durant la nuit, les Turcs tirèrent de toutes les mosquées.

Le lendemain, M. Godard, représentant du Consul de France, vint visiter la Mission; les blessés arrivaient par centaines; il fallait donner du pain à tout ce monde; depuis deux jours les sœurs n'en avaient plus; où en trouver pour ces milliers de bouches? On organisa une souscription.

Le dimanche, 18 avril, on dressa un autel dans la cour du pensionnat et on célébra la messe aux pieds de la sainte Vierge. A l'Évangile, le Père adressa quelques paroles de réconfort à tous ces pauvres gens et leur annonça qu'on commençait à circuler dans les rues. En France, on célébrait la béatification de Jeanne d'Arc.

Ce jour-là, plus encore que la veille, les blessés affluent au dispensaire. Les malheureux, comme on les a traités!... Coups de couteau, coups de hache, balles; c'est horrible! Les sœurs ont des têtes à recoudre, des doigts et des jambes à détacher du corps; c'est affreux! Elles en sont au deux cent vingtième quand le jour s'éteint. Horreur!...

La supérieure cherche une maison en ville pour ouvrir une ambulance dès le lendemain, si possible; elle est indispensable. Depuis la veille, samedi soir, la patrouille parcourt la ville au son du clairon, pour calmer la frayeur; en même temps, d'autres mettent le feu. De nombreuses ruines fument encore; un brouillard de fumée enveloppe la ville, on sent le roussi dans l'air.

Le lundi 19, la maison est trouvée près des Pères. Le

mardi les sœurs partent avec quelques hommes de service, pour nettoyer et faire l'installation; le soir même quelques blessés y trouveront gîte et secours. A la communauté on taille manches et tabliers blancs et l'on prépare des matelas. Une âme charitable donne du coton; on pourra en faire vingt. A Lyon, on célèbre la fête de Notre-Dame de Fourvières; l'ambulance s'ouvre sous ce vocable.

Mais tout manque à cette ambulance improvisée. Il faut quêter. Mais quêter quoi?... Mais quêter où?... Chez qui?... Tout le monde a subi tant de dommages! Chacun déplore des pertes de personnes et de biens; comment oser demander le peu qui reste?... Et cependant il faut l'oser, les nécessités sont là.

Deux sœurs, accompagnées de deux membres de la Conférence de Saint-Vincent de Paul et suivis de deux portefaix, s'en vont de maison en maison et durant trois jours elles se font mendiantes pour leurs frères pauvres, malheureux, souffrants. Leurs cicérones crient sous les fenêtres, dans les cours, dans les rues : « Mes frères, mes amis, assistez-nous dans la mesure de votre possible... Jetez-nous du linge, de vieux vêtements... du riz... des haricots... des oignons... des ustensiles de ménage... Nous acceptons tout... C'est pour subvenir aux premiers besoins de l'ambulance que nos sœurs viennent d'ouvrir. »

Quelquefois, d'une fenêtre, tombe une pièce de monnaie. Avec quel empressement on la ramasse! Avec quelle joie on enfouit les aumônes en nature dans le sac des portefaix!

Les sœurs se hasardent jusque dans le quartier musulman. Le Vali donne deux médjidiés, le médjidié valait alors 4 fr. 40. Quelques notables turcs délient leurs mouchoirs pour faire une petite offrande. (On sait que les Turcs n'usent pas du porte-monnaie; ils mettent leur argent dans leur ceinture ou dans un coin de leur mouchoir.)

Ce jour-là, les officiers d'un vaisseau de guerre anglais viennent de Mersine visiter Adana. Ils s'en retournent atterrés. Rien que dans la ville, on a brûlé seize cent huit maisons. On ne compte pas les morts; on ramasse les cadavres qui gisent dans la rue et on les jette au fleuve.

Plusieurs familles envoient des sacs de farine. On improvise une boulangerie comme on a improvisé une ambulance; on obtient des soldats pour garder cette boulangerie. Le pain se fait dans une maison voisine de la communauté; on le distribuera deux fois par jour aux réfugiés. Un catholique a pu sauver une certaine quantité de sucre; il le donne; pendant deux jours on pourra ajouter du sucre au pain.

Le mercredi et le jeudi, 21 et 22 avril, les réfugiés essaient, dans le milieu du jour, de regagner leurs demeures; tous reviennent le soir pour la nuit et alors, dans les cours, ce n'est plus que cris et sanglots. Les femmes apprennent, par ceux qui reviennent, la mort de leur mari, de leur fils, de leurs frères. Alors ce sont des évanouissements, des scènes déchirantes. Une de ces femmes est devenue folle dans sa douleur. Dans plusieurs familles connues, le père et la mère ont été crucifiés sur leur table ou sur le plancher, pendant que, sous leurs yeux, les bourreaux jonglaient avec leurs petits enfants qu'ils lançaient en l'air et recevaient sur la pointe de leur coutelas. Pour échapper aux Turcs, un groupe de jeunes filles s'est jeté dans le fleuve. C'est qu'elles savaient que les Turcs coupent et qu'ils coupent bien. Le docteur ne sait comment recoudre ces têtes qui ne ressemblent plus à des têtes humaines.

Le vendredi, 23 avril, le train de onze heures amenait à Adana les principaux chefs de l'équipage d'un navire français, le *Victor-Hugo*. C'est à eux que furent confiées les lettres qui permettent d'écrire cette lamentable histoire.

Un de ces officiers a raconté la visite faite à Adana. Dans son numéro du 7 mai, le *Figaro* a publié cette intéressante relation dont nous extrayons les lignes suivantes :

« Les missionnaires nous conduisent à la communauté des religieuses françaises. Quel spectacle! Les cours, les

parloirs, les salles de classe grouillent d'Arméniens dépe-
naïllés, amaigris qui, dès les premiers coups de feu, sont
venus ici chercher un refuge. Avant-hier encore, ils étaient
plus de trois mille.

« Agiles, proprettes, souriantes sous la cornette d'une
blancheur impeccable, les sœurs vont et viennent à travers
tout ce monde. Elles sont étonnantes de calme et quand elles
disent qu'à aucun moment elles n'ont eu peur, je le crois...
Comment font-elles pour veiller à tout, pour nourrir tant
de réfugiés, pour les tenir dans un état de propreté relative?

« On nous conduit à l'infirmerie. Un arménien réfugié,
quelque peu docteur, y panse une vieille femme assise dans
un fauteuil. Je m'approche. La malheureuse porte sur la
tête huit plaies larges comme le doigt, dont certaines mettent
à nu les méninges. Elle a été frappée à coups de sabre. Les
brutes qui l'ont assaillie lui ont en outre coupé un pied et
haché un bras. ... J'ai la gorge serrée et ne pourrais articuler
une parole. Nous sortons. Jamais, je le crois, je n'ai ressenti
une telle émotion. »

*
* *

Il semblait qu'on allait enfin respirer; hélas! ce n'est pas
fini! Le dimanche, 26 avril, les hostilités recommencent.
Cette fois, les Arméniens ne se contentent pas d'entrer par
les portes; ils escaladent les terrasses; les tuiles du toit se
brisent sous leurs pieds; par les colonnes, ils escaladent les
hauts balcons; des grappes humaines sont suspendues à
ces balcons, à ces colonnes. Ce second affolement est pire
que le premier, des cris qui arrachent l'âme s'échappent
de ces milliers de poitrines; ni les Pères ni les sœurs ne parviennent à les calmer. « On va nous couper, » crient-ils. « On
va nous couper! »

On met le feu à la Grande École arménienne. Des milliers
de chrétiens sont réfugiés là; il y a aussi des blessés. De
cette fournaise sortent des cris affreux de désespoir; les

sœurs les entendent de chez elles. Les si dévoués Frères Maristes courent au secours de ces malheureux. Accompagnés d'un soldat, ils parviennent à en faire sortir quinze cents environ. Hélas! les autres périssent dans les flammes!...

A l'ambulance, six sœurs s'apprêtaient à venir souper à Béthanie (nom donné au couvent de Saint-Joseph); au carrefour, une foule apeurée les arrête : derrière eux, les *Bachi-Bouzouchs* s'avançaient.

« Laissez-nous passer, disent-elles aux bandits, nous sommes Françaises. — Françaises ou Américaines peu importe, répondent-ils; on ne passe pas. »

Et les balles pleuvent de tous côtés. Il faut en hâte retourner sur ses pas, suivies des chrétiens qui se précipitent dans l'ambulance et, pendant deux heures, prient les bras en croix. Une balle brise une vitre et traverse la salle des blessés; heureusement elle n'atteint personne.

Le feu est tout près; la fumée s'engouffre dans la maison. Craignant le danger, les sœurs font descendre tous les blessés qui peuvent encore marcher; avec eux, elles passent la nuit dans la cour, se tenant toujours près de la porte, pour protéger ceux qu'on poursuit avec tant d'acharnement. Le feu les menace toute la nuit. De l'ambulance chez les Pères, il n'y a que la largeur de la rue; mais comment la traverser, de tous côtés les balles pleuvent. Enfin le matin, le P. Rigal se plante dans la rue, commande comme un soldat pendant que les Frères Maristes viennent prendre les blessés sur leur dos et les transporter au collège. Les sœurs s'y rendent elles-mêmes; les réfugiés se précipitent sur leurs pas, se cramponnent à leurs robes, à leurs tabliers, à leurs voiles. On arrive ainsi au collège qui regorge déjà de monde.

A midi et demi, l'ambulance flambait. Les vingt lits qu'on venait d'y faire porter; les matelas confectionnés en si grande hâte, les provisions quêtées par la ville, le vieux linge péniblement rassemblé, tout périssait dans les flammes.

Tout!... même le cher drapeau français qui flottait sur la maison.

Cependant l'incendie n'était plus qu'à quelques mètres du collège. De la terrasse, les Pères et les Frères, avec des pompes, inondaient d'eau les murs ; personne ne pouvait les aider, les incendiaires s'y opposaient et du haut de leurs minarets, les musulmans fusillaient les sauveteurs. On ne pardonnais pas aux missionnaires d'avoir protégé les chrétiens.

A ce moment arrive au collège l'admirable consul anglais de Mersine : « Je viens vous sauver, dit-il aux Pères ; conduisez tous vos réfugiés au palais du Gouverneur, les soldats vous accompagneront. »

Le P. Rigal, avisant l'un des chefs de ces enragés pillards lui dit : « J'ai confiance en toi, reconduis les sœurs chez elles. » Le Turc hésite un moment, puis accepte. Et les sœurs reviennent au couvent sous la garde de cet étrange protecteur. Au collège, une dernière absolution ayant été donnée, les chrétiens furent conduits au Konak. Le lendemain, les Pères qui les avaient accompagnés, furent ramenés chez les sœurs par le commandant en second du *Victor-Hugo*. Cet officier qu'on ne saurait trop louer passa deux jours et deux nuits à Adana.

Vers trois heures, les Pères se rendent compte qu'on ne peut sauver le collège ; ils courent à la chapelle et consomment les Saintes Espèces. Le P. Rigal rassemble en hâte, dans une valise, les vases sacrés, un peu de linge et quelques ornements. Il roule tout cela, comme un matelas, dans une couverture, le place sur ses épaules et le porte chez les sœurs en bravant mille dangers. Hélas! ce qui avait été sauvé à Saint-Paul devait périr à Béthanie !

A quatre heures, la maison des jésuites était en flammes : résidence, chapelle, collège flambaient comme une allumette.

Le soir, le P. Supérieur disait aux sœurs :

« Tenez, je vous remets tout ce qui reste aux jésuites. » C'étaient les clés de la maison!...

Il ne restait que la maison des sœurs. Son tour allait venir. D'une des fenêtres du dispensaire, elles entendaient ce dialogue :

« Ça, c'est l'école française; les sœurs nous donnent de bons remèdes pour rien, quand nous sommes malades; il ne faut pas la brûler.

— Ça ne fait rien, répondit-on; elles ont trop protégé les chrétiens; il y en a des milliers là-dedans. »

Ce n'était pas rassurant.

Là encore le Consul d'Angleterre fut le sauveur. Il écrivit au Vali : « Vous êtes responsable de la vie des Français et de leurs réfugiés; vous devez les recevoir au Sérail. »

Le Vali contraint de s'exécuter, envoya des soldats à cheval pour protéger l'exode. Le P. Supérieur vint annoncer aux réfugiés qu'il y avait danger à rester là et qu'il fallait se rendre au Konack pour demander la paix. « Alors qu'on nous donne des sœurs, crient-ils, sans quoi l'on nous coupera! »

On décida que le P. Rigal et la supérieure garderaient « Béthanie », et que le P. Jouve [1], les frères, les sœurs, leurs orphelines et leurs réfugiés se rendraient au konack.

Les uns formant la haie pour protéger les autres, on se mit en marche à travers les rues pleines de décombres, de bandes de pillards, d'incendiaires qui échangeaient des propos tels que les suivants :

Ça c'est nos médecins français, elles sont bonnes. — Oui, mais ceux qui les suivent, c'est des têtes à couper. Oh! quel exode!...

Pourtant, sans accident, on arrive au konack. Après une heure d'anxieuse attente et d'interminables pourparlers, les Arméniens apprennent qu'on leur accorde la paix et qu'ils seront hospitalisés dans la fabrique d'un négociant de nationalité italienne. Après quoi, le Père Supérieur, les

1. Supérieur des jésuites.

frères et les sœurs furent introduits dans un salon, d'où ils virent défiler douze mille chrétiens qui n'avaient plus qu'un toit d'emprunt pour s'abriter.

Deux officiers et quelques soldats accompagnèrent ensuite, au Consulat d'Angleterre, nos vaillants missionnaires. Le consul ne parut pas, il avait été blessé au bras, mais la consulesse leur fit un magnifique accueil. C'est là que tous passèrent la nuit, pendant que le collège des Pères achevait de brûler. Le lendemain, le Commandant en chef du *Victor-Hugo* leur fit dire de descendre à Mersine, car il ne pouvait plus répondre de leur sécurité. On se rendit à cet avis, mais pas sans répugnance; il en coûtait beaucoup d'abandonner le poste. Le Père supérieur et le P. Benoît restèrent seuls pour garder la maison.

Tout menacé qu'il était, « Béthanie » tint encore quatre jours. Le 1ᵉʳ mai, deux sœurs retournèrent à Adana, porter du linge aux Pères et essayer de sauver quelque chose. Les sœurs qui, depuis seize jours ne s'étaient pas couchées, se mirent au lit ce jour-là et s'endormirent d'un sommeil profond, sans se douter du danger qui les menaçait. Entre minuit et une heure, le 2 mai, le feu se déclara par la grande salle au-déssous de la chapelle.

Heureusement le P. Supérieur veillait. Voyant tout à coup éclater l'incendie, il courut avertir les sœurs. Dix minutes plus tard, elles n'auraient pu se sauver, l'escalier du pensionnat était en flammes!... Quand les Pères voulurent ensuite entrer dans la chapelle, la fumée les suffoqua... Les Saintes Espèces qui avaient déjà été consommées deux fois périrent, ce jour-là, dans les flammes.

En même temps, le pillage s'accomplissait. Les soldats chargés de protéger la maison, s'appropriaient son contenu. L'un d'eux ne sachant que faire de la photographie de Mère Henri-Xavier, la rapporta. « Tiens, dit-il, voilà ta sœur. » Mais il avait eu soin d'enlever le cadre.

Pendant que les sœurs attendaient à Mersine, chez les

religieuses de l'Apparition, que l'on décidât de leur sort, le consul de France envoyait à l'ambassade une dépêche conçue à peu près en ces termes :

« Les chrétiens n'existant plus à Adana, je prie votre Excellence de rapatrier les vingt-huit sœurs et trois de leurs orphelines. »

L'ambassade n'approuva pas ce rapatriement total. Il fut décidé que dix religieuses seulement reprendraient le chemin de la France.

Cette décision fut, pour les héroïques missionnaires, l'occasion d'un sacrifice très fortement senti. Il fallut nommer les dix qui devraient prendre le prochain bateau...

Et celles qui restaient se mirent de nouveau à fonder Adana.

Faut-il ajouter que, vers la fin d'avril 1910, le ministre des Affaires Étrangères décernait à Mère Mélanie Malaval, supérieure de Saint-Joseph à Adana (Asie Mineure), une médaille d'or? Faut-il dire qu'à son tour l'Académie Française lui attribuait un prix de Vertu de 2.000 francs et que, sous la coupole, en face des *Immortels* qui avaient pris place dans l'hémicycle et d'un public choisi qui se pressait au grand amphithéâtre, M. Frédéric Masson, l'un des « Quarante » exaltait, dans un pathétique discours, la belle conduite des vaillants missionnaires de la capitale de la Cilicie? Faut-il dire qu'à Saint-Étienne le Comité de l' « Alliance française » votait une allocation en faveur des Écoles d'Adana?

Oui, il faut le dire, parce que les beaux gestes sont à la louange de ceux qui savent les faire. Il faut le dire parce que celles à qui allaient ces témoignages d'admiration n'y ont point été insensibles et leur congrégation non plus. Mais, en donnant asile aux Arméniens traqués comme des bêtes fauves, en se résignant à perdre, pour les sauver, leurs maisons et leurs biens, en acceptant vingt fois la mort pour leur conserver la vie, Mère Mélanie et ses vingt-sept religieuses, songeaient à bien autre chose qu'à conquérir une médaille.

*
* *

Pendant que les religieuses proscrites sillonnaient en tous sens les océans de tous noms, pendant qu'elles volaient au secours de tous les besoins, pendant qu'elles s'adaptaient à tous les lieux, à tous les peuples, sans jamais cesser d'être elles-mêmes, c'est-à-dire de véritables sœurs de Saint-Joseph, à la maison mère on s'occupait d'unir entre eux les membres dispersés de la grande famille. C'est dans ce but qu'en 1907 on créait *Le Règne de Dieu*. Cette modeste publication fut le lien qui rattacha les absentes au foyer familial, l'émissaire qui porta les nouvelles de toutes à chacune et de chacune à toutes, le héraut d'armes qui vint répéter chaque mois, sous une forme ou sous une autre « N'oublions pas le service du Roi. Il faut qu'il règne! Portons-le partout et ne nous occupons que de l'unique grande chose qui soit au monde : la Volonté de Dieu! » C'est lui qui, en 1908, annonça la grande fête du Centenaire de la congrégation. Et cette fête se célébra sous tous les cieux, grâce à la dispersion obligée des enfants de l'Institut. *Le Règne de Dieu* fut sympathique dès son apparition. Ses quatre mille abonnés saluaient chaque mois son retour comme celui d'un ami. Quand le malheur des temps l'empêcha de paraître, on le regretta. C'est donc qu'il avait été bon; on ne l'avait pas créé pour autre chose.

Tout alla ainsi jusqu'en août 1914, où la grande guerre vint ébranler le monde. Dès le premier mois des hostilités, les religieuses qui se trouvaient dans l'empire ottoman furent brutalement mises en demeure de regagner leur pays, laissant à l'abandon leurs œuvres florissantes. Et l'année qui devait voir disparaître de France les derniers religieux les vit tous revenir!... En 1914, les sœurs de Saint-Joseph était ramenées dans leur patrie par ceux qui les avaient proscrites, en 1904.

On avait mieux à faire qu'à se souvenir des querelles; la mère commune était en deuil, tous les enfants souffraient, tous les enfants devaient s'aider. La place des religieuses était dans les ambulances qui s'ouvraient partout; c'est là qu'elles allèrent tout droit.

La guerre finie, il semblait à chacun que quelque chose était changé, qu'on ne savait plus se haïr, qu'on éprouvait le besoin de s'aimer. On ne sait pas encore si ce besoin conduira au geste réparateur qui s'impose et que le code français réclame.

FRIBOURG (SUISSE)

ÉCOLE INTERNATIONALE D'INFIRMIÈRES, FONDÉE PAR M. GEORGES PYTHON ET DIRIGÉE
PAR LES SŒURS DE SAINT-JOSEPH

CHAPITRE XVI

Coup d'œil d'ensemble

La Congrégation des sœurs de Saint-Joseph est à la fois contemplative et active. « L'union de ces deux vies, dit saint Thomas, constitue le véritable apostolat, œuvre principale du christianisme [1]. »

La part donnée à l'oraison, soit mentale, soit vocale est grande à Saint-Joseph. Outre la prière du matin et du soir en commun et l'assistance à la sainte messe, les religieuses ont chaque jour :

Une heure d'oraison dont une demi-heure le matin et une demi-heure le soir, l'examen particulier; l'examen général; la visite au Saint-Sacrement; la lecture spirituelle; l'office du Saint-Esprit; le chapelet et la couronne de Notre-Dame; les litanies du Saint Nom de Jésus, de la sainte Vierge, de saint Joseph et des saints; d'autres prières très belles et spéciales à la congrégation.

Le dimanche, l'office de la sainte Vierge remplace l'office du Saint-Esprit.

Les sœurs ont en outre :

Un jour de retraite chaque mois;

Huit jours de retraite chaque année.

Une fois dans la vie, elles font les grands exercices de saint Ignace qui réclament trois semaines consécutives de retraite.

---

1. III^a pars, q. LXVII, a. 2, ad I^{um}.

Au cours de l'année, les sœurs se préparent à certaines fêtes de l'institut par trois jours de récollection.

De plus, la Règle leur prescrit de « garder une union très étroite de leur âme avec Dieu, par le recueillement habituel, le souvenir de sa sainte présence » et par de fréquentes oraisons jaculatoires.

Par cette vie intérieure intense, les sœurs préparent leur vie d'apostolat. Après avoir reçu la lumière, elles doivent éclairer. Après avoir contemplé la vérité, elles doivent la communiquer. Après avoir goûté les charmes de l'amour divin, elles doivent les révéler aux âmes avec lesquelles elles sont en contact.

Au point de vue action, l'institut est mixte, c'est-à-dire hospitalier et enseignant. Les sœurs se consacrent au soin des malades dans des cliniques et des hôpitaux, en France et à l'étranger; notamment à Beyrouth (Syrie). Le grand « Hôtel-Dieu de France », annexe de la Faculté de Médecine de cette ville, leur a confié ses malades. Les sœurs assistent les vieillards dans de nombreux hospices; elles s'occupent des petits enfants, garderies, crèches. A Lyon, elles dirigent un asile de « Sourdes-Muettes » et deux grands établissements de malades incurables. Dans beaucoup de paroisses elles sont chargées de la visite des pauvres et des malades, et de la distribution des remèdes et des aumônes, dans les dispensaires et ailleurs. En temps d'épidémies ou de catastrophes quelconques, elles ne reçoivent jamais l'ordre de se porter au secours des malheureux; mais elles sont autorisées à y aller de leur plein gré. Qu'il suffise de rappeler avec quel mépris de la mort elles assistèrent, en 1854, les victimes du choléra qui sévissait en France. Plusieurs payèrent de leur vie cet admirable dévouement. De même pour les missions, les sœurs n'y sont envoyées qu'après en avoir fait la demande formelle et jamais en vertu de leurs engagements.

La congrégation de Saint-Joseph est enseignante, en même temps qu'hospitalière. Injustement privées de leurs droits de Françaises et de Françaises méritantes, les sœurs n'oublient pas que leurs droits subsistent et qu'un pouvoir honnête est tenu de les leur restituer. En attendant le retour de la Justice, les sœurs ont des écoles à l'étranger et continuent en France leur œuvre d'éducation dans les orphelinats et dans les ateliers, où il y a beaucoup de bien à faire. Elles s'occupent des jeunes filles dans les ouvroirs, les patronages, les chœurs de chant et font un peu partout le catéchisme.

On le voit, la congrégation de Saint-Joseph répond à toutes les aspirations : soins des malades, éducation, missions, et ses œuvres font appel à tous les genres de dévouement. Mais hélas! la source du dévouement est presque tarie à cette heure. On ne pense guère aujourd'hui à se donner aux autres; on pense à jouir, à gagner, à attirer à soi, tout à soi : plaisirs, argent, bien-être; la belle âme française ne se reconnaît plus dans cette course à l'or. C'est pourquoi, si les besoins abondent, les bras manquent partout et les œuvres ne peuvent plus se soutenir.

En examinant les constitutions primitives et les constitutions actuelles, on voit que la Règle, sans jamais varier ni dans son but, ni dans son esprit, ni dans son caractère distinctif, s'est adaptée aux circonstances, ainsi qu'il convenait à un Institut voué au dévouement. Ce n'est pas dans le passé, c'est dans le présent que la religieuse de Saint-Joseph doit faire le bien; il faut donc qu'elle suive son temps et qu'elle le comprenne, si elle veut se rendre utile. En cela, l'Église nous donne l'exemple, puisque, immuable dans ses dogmes, elle varie dans ses institutions. Mais quelles que soient les exigences de l'époque, quelles que soient les mœurs du temps, toujours une religieuse de Saint-Joseph doit être petite, humble, charitable et simple. Sans cela, il n'y a pas de religieuse de Saint-Joseph, il n'y en a que le semblant.

La congrégation se compose de postulantes, de novices et de professes.

On appelle postulat le temps durant lequel la congrégation examine si l'aspirante a les aptitudes nécessaires à la vie de communauté et aux œuvres de l'institut ; pendant que, de son côté, l'aspirante examine si l'institut lui convient. Ce temps d'épreuve dure six mois. Il se termine par l'examen de Mgr l'archevêque de Lyon ou de son représentant. L'aspirante admise revêt alors l'habit des sœurs et reçoit un nom de religion.

Pour être admise au postulat, certaines conditions sont exigées, la principale est une vocation surnaturelle. La question de la dot se traite, pour chaque cas, avec les familles par la Supérieure Générale et son conseil. Cette dot, dont la congrégation n'a que la jouissance durant la vie du sujet, est définitivement acquise à l'institut à la mort de celle qui l'a apportée. Elle serait rendue, mais sans les intérêts, en cas de sortie ou de renvoi.

Une jeune fille dépourvue des biens de la fortune, mais qui offre les marques d'une vocation sérieuse peut y être reçue sans dot.

Aussitôt après la vêture commence le noviciat qui se fait à la maison mère comme le postulat. Il doit durer un an complet, sans interruption. Le noviciat terminé, les novices subissent l'examen canonique. Si elles sont agréées, elles font pour un an les vœux de pauvreté, de chasteté et d'obéissance. Après quoi elles sont employées dans les œuvres selon la volonté des supérieures.

Leurs vœux temporaires sont renouvelables chaque année, pendant cinq ans consécutifs. Après ce temps de probation, les sœurs prononcent les vœux perpétuels qui les lient irrévocablement.

La prise d'habit, les premiers vœux et les vœux perpétuels sont précédés d'une retraite de dix jours. On voit que, ni du côté du sujet, ni du côté de l'institut, les engagements ne sont pris à la légère.

La congrégation reçoit au juvénat les jeunes filles de douze à quinze ans qui se croient appelées à la vie religieuse.

Les juvénistes sont formées à la piété et à la vertu; leurs diverses aptitudes sont étudiées et développées avec soin. Elles passent les vacances dans leur famille et, le moment venu, restent libres de retourner dans le monde ou d'entrer au noviciat.

La congrégation a été autorisée et par l'État et par l'Église.

Autorisation de l'État. — 1º Louis XIV autorise l'institut par des Lettres patentes, en 1666;

2º Napoléon Ier autorise la congrégation lyonnaise le 10 avril 1812;

3º Charles X approuve les statuts de la congrégation par une ordonnance royale du 2 mars 1828. La congrégation est autorisée légalement le 23 mars 1828;

4º Le Tribunal civil de Lyon confirme son titre de congrégation mixte le 25 mars 1905.

Autorisation de l'Église. — 1º Mgr Henri de Maupas autorise l'institut d'une manière authentique, le 10 mars 1651;

2º Mgr Armand de Béthune l'autorise par une Ordonnance du 23 septembre 1665;

3º Mgr Henri de Villars, archevêque de Vienne, lui donne des Lettres patentes, le 10 septembre 1668.

Il approuve sa Règle et en ordonne l'impression le 20 novembre 1693;

4º Mgr de Neuville, archevêque de Lyon, confirme l'autorisation, le 20 décembre 1729;

5º Le Saint-Siège accorde un Décret de louange à la Congrégation de Saint-Joseph de Lyon, le 5 mai 1829;

6º Sa Sainteté Léon XIII approuve et bénit la Congrégation par son Décret du 27 juin 1899;

7º L'Assemblée plénière des Éminentissimes cardinaux approuve les Constitutions le 16 décembre 1909.

Notre T. S. P. le pape Pie X confirme cette approbation le 21 décembre de la même année 1909.

L'Institut de Saint-Joseph de Lyon est donc une congré-gation religieuse de droit pontifical, puisqu'elle est approuvée par la plus haute autorité de la terre. On comprend dès lors la vénération et l'amour que ses membres professent pour le vicaire de Jésus-Christ.

Les sœurs vivent dans un esprit de filiale obéissance envers son représentant, Mgr l'archevêque de Lyon et envers Mgr l'auxiliaire, son délégué. Elles sont également pleines de respectueuse docilité envers N. N. S.S. les évêques sous la juridiction desquels elles sont placées.

La maison mère est établie à Lyon, 20, rue des Chartreux. La Supérieure Générale et les assistantes qui forment son Conseil y résident habituellement.

Que la Providence divine daigne continuer sa protection à l'Institut et à ses œuvres; et qu'elle amène dans son novi-ciat des âmes fortes, généreuses, capables de s'oublier et de vivre uniquement pour Dieu et pour les âmes!!!

TABLE DES MATIÈRES

Letouzey et Ané, 87, Boulevard Raspail, Paris-vi. — 1369-1927.